公路软土路基低频超声波水囊堆载预压施工技术研究

王新利　　王同材　　田书广　　邹宝平　　著

中国建筑工业出版社

图书在版编目（CIP）数据

公路软土路基低频超声波水囊堆载预压施工技术研究 /
王新利等著. -- 北京：中国建筑工业出版社，2024.8.
ISBN 978-7-112-30023-5

Ⅰ. U416.104

中国国家版本馆 CIP 数据核字第 2024PB9636 号

本书详细探讨了公路软土路基低频超声波水囊堆载预压施工技术。共分七章，分别为绪论、低频超声波水囊堆载预压依托工程概况、软土路基水囊堆载预压加固现场试验、低频超声波水囊堆载预压加固现场试验、低频超声波水囊堆载预压加固室内试验、低频超声波水囊堆载预压加固数值模拟试验、结论等。

本书可作为土木工程、公路工程、城市轨道交通工程、岩土工程、路基路面工程等专业本科生和研究生的教学用书，也可供相关专业技术人员在从事公路工程建设的管理、施工、设计、勘察和监理等工作时参考。

责任编辑：边　琨
责任校对：张　颖

公路软土路基低频超声波水囊堆载预压施工技术研究

王新利　王同材　田书广　邹宝平　著

*

中国建筑工业出版社出版、发行（北京海淀三里河路 9 号）

各地新华书店、建筑书店经销

北京建筑工业印刷有限公司制版

建工社（河北）印刷有限公司印刷

*

开本：787 毫米×1092 毫米　1/16　印张：10¼　字数：187 千字

2024 年 5 月第一版　2024 年 5 月第一次印刷

定价：**42.00** 元

ISBN 978-7-112-30023-5

（42825）

作 者 简 介

王新利

1975 年生，高级工程师，现任中铁十五局集团第二工程有限公司一级项目经理，桥梁专家、一级建造师、造价工程师。主要从事大型公路建设施工管理、软基处理施工、各类桥梁施工方面的管理和研究工作。主持多项省重点工程项目的建设管理，荣获省部级优质工程奖 1 项，集团公司优质工程 4 项，获省部级二等奖和三等奖各 1 项，发表论文 10 余篇，授权国家发明专利 6 项。兼任浙江科技大学硕士研究生导师。

王同材

1979 年生，工程师、本科学历，一级建造师、试验检测工程师。历任内昆铁路六盘水南编组站、云南元磨高速公路、玉蒙铁路、西商高速公路、林长高速公路、洛栾高速公路、机西高速、宣鹤高速公路、安吉 304 省道、桐乡 320 国道等项目技术员、试验室主任、副总工、总工职务；现任中铁十五局桐乡 320 项目部总工程师。获省部级奖项二等奖 1 项，三等奖 1 项；申请实用新型专利 8 项，发明专利 5 项；完成省部级工法 1 项；发表论文 3 篇；作为负责人的

QC 成果获中国公路建设行业协会全国公路建设质量管理小组活动成果大赛二等奖；授权登记计算机软件著作权 1 部。

田书广

1988 年生，博士研究生，高级工程师。历任中铁十六局集团珠海机场线拱北至横琴段轨道交通地下工程指挥部工程师、总工程师；中铁十六局集团地铁工程有限公司杭州连堡丰城一期（地铁 9 号线）五六区间项目部总工程师；中铁十五局集团城市轨道交通工程有限公司苏州轨道交通 8 号线 9 标项目部执行经理、项目经理；中铁十五局集团城市轨道交通工程有限公司副总经理兼苏州轨道交通 8 号线 9 标项目部项目经理。现任中铁十五局集团第二工程有限公司总经理。

参与《砂卵石地层土压平衡盾构渣土改良理论与关键技术》《智能互联装备网络协同制造 / 运维集成技术与平台研发》《盾构工程建设安全风险管理智能决策支持系统》《地铁盾构隧道叠交穿越及明挖基坑跨河工程施工关键技术研究》等重大科研课题。发表 SCI、EI、中文核心期刊等论文 20 余篇，申请发明专利 7 项，完成省部级以上工法 2 项、QC 成果 2 项。荣获中国岩石力学与工程学会科学技术进步特等奖 1 项，中国岩石力学与工程学会技术发明一等奖 1 项，中国岩石力学与工程学会科技进步二等奖 1 项，中国铁建股份有限公司科技进步二等奖 1 项。

邹宝平

邹宝平，男，1982 年生，教授，博士，博士后，博士生导师，现任浙江科技大学研究生院副院长（主持工作）、党委研究生工作部副部长（主持工作）、学科建设办公室副主任（主持工作）。主要从事轨道交通保护、深地深海冲击破岩动力学、病害隧道修复加固新材料、路基工程、地铁隧道工程建造、冻结力学、深基坑与工程地质等方面的教学与研究工作。兼任浙江·新加坡城市更新与未来城市浙江省国际联合实验室主任、深部岩土力学与地下工程国家重点

实验室杭州研究中心主任、轨道交通保护区土地集约利用关键技术工程杭州市工程研究中心主任。

入选浙江省劳动模范、浙江省"高层次人才特殊支持计划"科技创新领军人才。被中共新疆维吾尔自治区委员会、新疆维吾尔自治区人民政府授予"第九批省市优秀援疆干部

人才"并"记功一次"，被中共阿克苏地区委员会、阿克苏地区行政公署授予"优秀援疆人才"。荣获浙江省科学技术进步奖一等奖等省部级科学技术一等奖 4 项（均排名第一），荣获上海市科学技术奖等省部级二等奖 10 余项、省部级青年科技奖 1 项、校教学质量优秀奖 1 项。

主持国家自然科学基金、浙江省科技计划项目、浙江省自然科学基金、浙江省教育规划课题等各类项目 30 余项，发表 SCI/EI 收录等高水平论文 60 余篇，授权国家发明专利 90 余项，出版专著 3 部、国家级技术标准 1 部。曾参与建设的地铁工程荣获"中国土木工程詹天佑奖"。兼任中国岩石力学与工程学会岩石动力学专业委员会常务委员、软岩工程与深部灾害控制分会理事、浙江省岩土力学与工程学会岩土工程施工专业委员会副主任。

序

我国沿海地区广泛分布强度低、含水量大、渗透性差、压缩性高的软弱土层。长期以来，软土路基是造成路堤沉降、路面开裂等病害的重要影响因素。在软土地区修筑路基时，为防止工后沉降过大，在路基处理完之后需进行加载预压，达到设计沉降要求后方可进行后续施工。传统堆载预压方法多采用砂石料、土料等重物进行堆载，堆载材料的转场、计重过程需动用大量人工、机械，费时费力。采用传统堆载预压施工后，路基沉降呈现出动态的时空变化过程，难以对路基沉降进行预测控制，而现有采用水袋预压方法，由于水袋大多需根据预压场地尺寸进行定制，且单个水袋尺寸大，对于形状不规则场地适应性较差，难以重复利用，易造成水袋成型差、侧向扩张变形严重，使相邻水袋间的大面积路基无法被有效覆盖，同时极易造成水袋破损渗漏，导致排水、更换、注水过程周期较长，对工期影响大。如何克服现有水袋仅靠加载自重静压方式进行路基预压引起的路基不均匀沉降，如何快速、有效地进行路基堆载预压施工是一个需要认真研究解决的历史性难题。

该书作者开展了软土路基水囊堆载预压加固现场试验、低频超声波水囊堆载预压加固现场试验、低频超声波水囊堆载预压加固室内试验、低频超声波水囊堆载预压加固数值模拟试验，对改善路基土体的物理和力学性质，提高其稳定性和抗压强度，增加软土路基的承载能力和耐久性具有重要的指导意义。

该书是作者对公路软土路基低频超声波水囊堆载预压施工技术的系统总结，凝结了作者多年的工程智慧，内容丰富，数据翔实，具有重要的学术参考价值和工程指导意义。因此，我十分乐意向广大读者推荐这本专著。

中国科学院院士 何满潮

2024 年 5 月 22 日

前　言

我国沿海地区广泛分布着软弱土层，软土具有强度低、含水量大、渗透性差、压缩性高等特点。长期以来，软土路基是造成公路桥头跳车、路堤沉降、路面开裂等各类病害的重要影响因素。现阶段，软土地区公路路基处理主要采用土石方堆载预压的方法。近年来，随着滨海围垦和交通基础设施建设的加快，土石方的需求越来越大，加上环境保护政策越来越严厉，市场上供不应求，土石方填料的供应严重不足，导致公路建设的成本不断攀升。在传统预压加固方式前后均需要大量土石方量运输、堆放、卸载，需要大量机械设备，且弃土处治难度较大，对于土地资源匮乏、软土路基面积大的区域不具适用性。因此，如何采用低碳环保、便捷高效的堆载预压方法对公路软土路基进行施工是当前的重大难题。

本书在综合分析国内外现有文献资料及研究成果的基础上，采用现场调查、理论分析、室内试验、工程现场试验、工程现场监测、数值模拟等方法，对公路软土路基低频超声波水囊堆载预压施工技术进行了较为系统的研究，以期为我国软土地区路基工程绿色快速预压施工提供理论依据和科学指导。

全书共7章，第1章为绪论，第2章介绍公路软土路基低频超声波水囊堆载预压施工技术的国内外发展现状，以及低频超声波水囊堆载预压依托的工程概况；第3章主要分析软土路基水囊堆载预压加固现场试验；第4章为低频超声波水囊堆载预压加固现场试验研究；第5章主要是低频超声波水囊堆载预压加固室内试验研究；第6章主要开展低频超声波水囊堆载预压加固数值模拟试验；第7章主要是结论和建议。

另外，本书的研究成果获得了国家自然科学基金（No.41602308）、浙江省科技计划项目（No.2016C33033）、浙江省自然科学基金（No.LY20E080005）的资助。本书的研究工作得到了作者所在单位中铁十五局集团有限公司、中铁十五局集团第二工程有限公司、浙江科技大学土木与建筑工程学院有关领导和专家的无私帮助，同时感谢研究团队成员尹佳浩、黄楷、张睿淏、陈玉等参与了本书的部分编写工作。

限于作者水平，书中难免存在疏漏和不足之处，敬请读者评判指正。

作者

2024 年 4 月 25 日于杭州

目　　录

1 绪 论

我国的经济持续健康发展在很大程度上取决于基础设施建设，尤其是交通工程的建设。我国国土辽阔、自然资源丰富，然而大部分地区却面临软土地质条件的挑战。软土地质具有高含水量、低抗压强度以及较差的稳定性，这些因素容易引发路基沉降、塌陷、变形等问题。特别是在珠三角等地区，复杂多变的地质环境增加了交通工程建设的复杂性。同时，软土路基的不稳定性和沉降问题不仅影响了道路交通的畅通，还增加了车辆行驶的阻力和能耗，给交通运输带来了不必要的损失。此外，软土路基的不稳定性还容易导致事故的发生，对交通安全构成一定程度上的威胁。改良软土路基可以提高路基的承载能力和稳定性，减少维护和修复成本，降低事故风险，从而带来显著的经济效益和社会效益。因此，为了更好地应对复杂的地质环境，安全高效的软土路基处理技术措施的提出必不可少。

国内外有关软土路基加固的研究，大多是较为广泛应用的是真空联合堆载预压法和排水板堆载预压法。真空联合堆载预压法是一种处理软土路基的常用方法，它利用真空吸力和堆载荷载来改善软土路基的性质，提高路基的承载能力和稳定性。朱建才等分析了浃里陈大桥桥头试验段的现场监测数据，发现在真空联合堆载预压加固软基时，产生的联合超静孔隙水压力相对较小，有利于路堤的快速堆载。童中等详细介绍了广肇高速公路 K54＋350～K54＋560 段软弱路基的工程地质特征及真空联合堆载预压位移监测布设。通过对监测沉降数据以及测斜数据的分析，认为真空联合堆载预压法处理本段软弱路基是成功的，在类似工程中应用是可行的。Liu 等提出了一种新型的电预制垂直排水系统（ePVD）和一种新的电渗排水系统，以允许新方法的应用。然后对该组合方法进行现场试验，并与常规真空联合堆载预压法进行比较。采用新方法提高的地基承载力提高了 118%。相比较而言，在同一加固期间采用真空联合堆载预压法时仅有 75% 的提升。朱虹等通过试验和有限元分析研究了真空联合堆载预压加固软基对环境的影响，并验证了简化理论模型的合理性。陈兰云等对软土路基加固前后进行了多项指标的分析,包括土壤性质、十字板剪切强度、孔隙水压力的变化,以及堆载施荷情况。同时,进行了固结度的验算对比,为沿海软土地基的真空联合堆载预压加固提供了有益的参考。Han 等通过室内试验和原位试验研究了真空联合堆载预压的土体固结机理和效果,发现真空压力与竖向荷载压力的比值会影响土体沉降变形。问建学等采用真空联合堆载预压方法对软土路基进行排水固结处理,有效缩短了施工工期并降低了工后沉降。考虑到软土的流固耦合作用,我们进行了 FLAC3D 数值模拟,模拟结果与实测数据相符,可作为评估地基处理效果和工后沉降计算的依据,为类似工程提供了有益的经验。曹永琅等使用真空联合堆载预压法对高填方宕碴路堤的超软弱土桥台地基进行加固。相对于传统的堆载预压法,采用真空联合堆载预压法可节省一半的工期,从这次实践中积累的经验可以推广应用到其他类似工程中。许海岩等进行了软基真空联合堆载预压试验,涵盖了 GJHJ 路的 3 种不同工况。通过分析试验数据和监测孔隙水压力的变化,得出了深厚淤泥区软基处理对影响深度与插板深度之间的关系。王廷芳描述了真空联合堆载预压法在京珠高速广珠北段软基处理中的应用情况。对观测结果进行了分析和评价,结果表明真空联合堆载预压法处理软基工程周期较短,且效果显著。熊熙等采用了真空联合堆载预压与堆载预压两种不同方法对深厚软土地基进行加固,并进行了现场对比试验。同时,对弹塑性模型、黏弹塑性模型以及黏弹塑性损伤模型进行了详细的对比分析。研究结果显示,相对于堆载预压方法,真空联合堆载预压方法具有明显优势,包括提高了加荷速率、缩短了工期以及减少了工后沉降。此外,黏弹塑性损伤模型的模拟结果与实际观测值最为接近。周丽华通过介绍某个沿海铁路软土地基处理工程案例,可以清楚地阐述在有工期制约的情况下,采用真空联合堆载预压方案的经济和技术合理性。此外,还可以详细描述地基处理的设计、施工工艺、过程控制以及观测成果。这有助于展示该方法在实际工程中的可行性和效果。魏家鸣等在研究中,采用了结合现场实测和数值模拟的方法,考察了不同预压强度、预压时间以及孔压监测数据的对比分析。这项研究旨分析软土路基在真空联合堆载预压作用下的变形特性和孔压演化规律,以及探讨了真空联合堆载预压对路基稳定性的影响。Suhendra 等采用真空预压替代传统的路堤预压以施加土体应力。通过对固结度和固结时间进行分析,对比评估真空预压和路堤预压的效果。LI 等采用数值模拟的方法研究了堆载对地下管廊的潜在影响。通过模拟了为期 200 天的堆载过程,对预压区域的沉降、侧向位移和孔隙水压力的演变进行观察。研究结果表明,在排水渠附近,管廊的竖向位移不超过 10mm,侧向位移不超过 2.4cm,管廊扭转角度不超过

0.18°。因此，可以得出结论，堆载对邻近地下管廊的影响较小。翟浩等通过研究某段公路工程案例，详细介绍了真空联合堆载预压在软土路基处理中的应用。监测结果表明，这一方法成功地缩短了施工时间，并确保了软土路基的处理效果。包惠明等采用真空联合堆载预压法对软土路基进行处理，并对地表沉降、真空度以及孔隙水压力值进行了监测，验证了这一方法在软土路基处理方面的可行性。王刚等在软土路基加固中采用了真空联合堆载预压法，并对其加固效果进行了数值模拟分析和现场实测。研究结果表明，堆载预压方法的加固效果明显优于真空预压，而且数值模拟结果与实测数据高度一致。YONG 等基于浙江东部沿海某水闸软土地基的真空联合堆载预压加固工程，详细介绍了真空预压过程中的原位监测情况。着重总结了监测结果，包括真空度和地表沉降的变化，并探讨了这些指标之间的联系。此外，利用有限元法模拟了真空联合堆载预压及地表沉降的演变过程。

综上所述可知，真空联合堆载预压法需要使用专门的真空设备和堆载设备进行施工，这些设备成本较高，施工过程中的操作难度也较大，需要经验丰富的工程师和技术人员进行操作。同时真空联合堆载预压法需要进行大量的土方运输和排放，这可能会对环境造成一定的影响。此外，在真空吸力作用下，软土中的水分和有机物可能会被抽出，对环境和生态造成潜在影响。该方法需要进行多次处理，每次处理周期较长，通常需要数周或数月，这可能会影响工期和造成操作不便。

排水板堆载预压法在处理软土路基时，其一般原理是将一种由高密度聚乙烯制成的网格结构材料——排水板铺设在软土路基表面，并进行堆载预压，使软土路基在承受交通荷载时能够更好地分散荷载并减小荷载。邓礼久等以某填海造地道路地基处理工程为例，深入探讨了塑料排水板堆载预压法的加固机理。借助现场软基沉降监测数据，采用双曲线法对加固后的软土地基沉降进行了预测，并详细分析了地基的最终沉降量和固结度。研究结果显示，塑料排水板堆载预压法在软基处理方面表现出良好的加固效果，堆载预压结束后，软基的固结度可达 80%～95%，符合设计要求。金亮星等为了研究数值模拟方法在排水板堆载预压加固软基的固结沉降计算中的实用性和有效性，以某填海造地道路地基处理工程为例，深入探讨了塑料排水板堆载预压法对软基固结的机理。利用有限元分析软件 ABAQUS，采用扩展的 Drucker-Prager 本构模型，建立了塑料排水板堆载预压法处理软基固结沉降的有限元计算模型。考虑了分级加载情况，对软基加固过程进行了数值模拟计算，并将计算结果与实测数据进行了详细的对比分析。谢非等介绍了塑料排水板堆载预压法在路基深厚软基处理中的应用。该工程采用了分层堆载的方法，并对施工过程进行了详细地监测。董超强等对于霞浦县滩涂地区某超软土地基工程，采用 PLAXIS 二维有限元软件，对塑料排水板进行了两种简化处理：一种是采用排水线方法，另一种是使用 Chai 的二维等效方法。随后，进行了相应的数值模拟分析。通过对比分析两种简化模型的计算结果，并将其与现场实测数据进行了对照验证。杨斌等通过进行标准贯入试验、静力触探试验以及平板载荷试验，对排水板堆载预压法处理前后的软土路基进行了现场检测。检测结果显示，排水板堆载预压后，软土路基的标贯击数和静力触探锥头阻力值显著提高，同时地基土的液化态势也得到有效降低。邹育麟等通过对软土路基进行排水板堆载预压法处理的试验段进行原位观测，包括使用沉降板和测斜管等工具。试验结果表明，填土速率对软土路基的沉降和侧移速率具有显著影响。Hamid 等以 Mahshahr 储油罐项目为案例，进行了关于采用预制垂直排水板（PVD）的堆载预压技术改良土地性能的评估研究。通过利用 Settle3D 软件进行数值模拟分析，研究结果显示，根据反分析过程得到的修正参数计算的沉降值明显低于根据初始估计中假定参数计算的沉降值，这主要归因于初始岩土参数的保守确定。

但上述研究对于提高软土的稳定性和承载能力效果欠佳，而超声波是高频声波，可以产生细微的振动和压实效果，这有助于改善软土的密实度和稳定性，从而提升软土路基性能。同时，可以更精确地控制振动的范围和强度，按照实际需要进行调整，能够在软土路基的施工过程中更好地控制和调整振动效果。此外，超声波激振不会引起振动或噪声污染，因此不会对周边环境和附近建筑物造成干扰或损害。

超声波激振法是一种通过高频振动来改善土壤工程性质的新型处理技术。研究表明，超声波激振法可以促进土颗粒之间的紧密排列，提高土壤的固结性能，使其变得更加稠密和坚实。同时，还能改善土壤的剪切性能和抗压强度，提高其承载能力。此外，超声波激振法可以改善土壤孔隙结构，使其孔隙更加均匀，分布更加合理，影响土壤的水分特性，改善土壤的保水能力和排水能力，从而提高土壤的渗透性和排水性能。谢卓贤等为了深入研究超声振动对软土的作用机理，进行了一系列的拖球试验。这些试验涵盖了多个因素，包括含水率、作用距离、围压以及含砂量，以研究它们对软土在超声振动作用下的流动特性产生的影响。尹崧宇等进行了试验，研究了超声波振动在不同应力条件下对岩石强度的影响。试验结果表明，当预压力大于或等于 200N 时，随着振动时间的增加，岩石强度逐渐减弱，并存在一个最佳预压力值。张程等通过监测超声波振动过程中岩石表面不同深度处的径向响应位移等试验，研究发现岩石在超声波振动下的损伤主要是由振动头的高频冲击和超声波振动引起的交替应力产生的疲劳拉伸裂纹所导致的。余翠英等为解决有砟轨道路基不均匀沉降问题，进行了有砟轨道结构整体变形分析。采用离散元 - 多柔性体动力学耦合方法，构建了一种简化的 2.5 维有砟轨道耦合模型，并将其应用于研究有砟轨道的微观力学特性。提出了荷载和刚度折减方法，并对不同路基沉降波长进行了计算分析，以探究路基不均匀沉降对轨枕空吊的影响规律。

综上所述，本书运用全新的技术解决软土地基处理这一难题，其基本原理是将超声波振动能量传递到水囊中，通过水囊与土壤接触面的振动作用，对软土路基进行预压加固。通过现场试验验证，该技术可以使软土路基的抗剪强度、抗压强度和变形模量等指标都得到明显提升。然而，超声波水囊激振预压软土路基的效果受到很多因素的影响，如水囊尺寸、振动功率、超声波频率和振动时间等。因此，研究人员需要对这些因素进行系统研究，找到最佳参数组合，以实现最佳处理效果。由此可见，围绕超声波水囊激振预压软土路基技术措施在软土路基加固过程中的研究工作亟待开展。

本书在工程地质学和岩土工程学的基础上，进一步探讨了超声波水囊激振预压软土路基的机理。通过现场试验、室内试验和数值模拟等多种手段，深入分析了在特定频率范围（40～49kHz）下，超声波水囊激振对软土路基的变形特性的影响。本研究为现代化路基建设与高效生产提供理论指导和实用工具，具有重要的学术意义和广泛的实际应用价值。

本书全面涵盖了超声波水囊激振技术在软土路基改良中的理论基础、试验方法和现场应用案例，特别关注的是在 40～49kHz 的频率条件下，超声波水囊激振对软土路基的改良效果，旨在改善土体的物理和力学性质，提高其稳定性和抗压强度，从而增加软土路基的承载能力和耐久性，为路基稳定性提供更强的保障。

本书研究的主要思路如图 1-1 所示。

本书研究的总体方案如下：

通过低频超声水囊堆载预压技术改善低填浅挖路基的承载能力和稳定性。研究包括水囊的原理和性能研究、应用方法与工程实践、试验与数值模拟分析，以提供加固技术的指导和优化设计建议。

（1）理论研究与机理分析。研究超声波水囊激振法对软土路基的力学性质影响的基本理论，分析不同频率超声波的作用机制，以及这些频率如何影响软土的物理和力学特性。探究超声波水囊激振法在改善软土路基稳定性方面的作用原理。

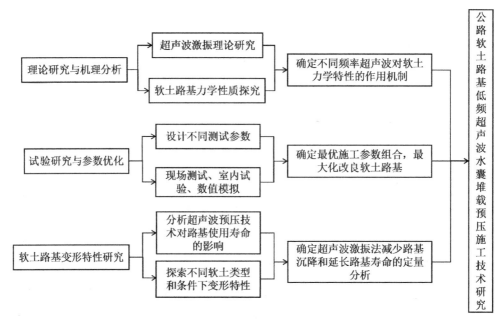

图 1-1 研究技术路线

（2）试验研究与参数优化。设计试验以测试超声波水囊激振法对软土路基的影响，包括压缩模量、剪切模量等。确定最佳施工参数，如超声波频率、激振时间、水囊大小和位置等。分析不同施工参数对软土路基改良效果的影响。

（3）软土路基变形特性研究。研究超声波水囊激振法对减少软土路基沉降的效果，分析超声波预压对路基使用寿命的影响，探索不同软土类型和条件下的变形特性。

2 低频超声波水囊堆载预压依托工程概况

2.1 工程概况

320 国道桐乡凤鸣至大麻段改建工程项目部负责施工主线 K0＋000～K24＋562 段及连接线。主线起点（K0＋000）位于凤鸣立交下穿段与桐乡绕城西路及崇福大道相交处，沿 320 旧路经凤鸣街道，跨越长山河后，在与新羔线相交处（K37＋183）设新农村互通，至 K6＋573 设置店街塘互通，而后向南另辟新线沿高压线西侧布设，于 K8＋467 与本项目连接线相交，经南元村、北览桥后于 K13＋467 处设置崇福复合式互通，经东坝头桥、鸽子浜桥、平家浜桥、泰山港桥，接着横跨盐官下河（Ⅵ级航道、通航净空 22m×4.5m），向西于 K21＋137 设置崇益互通，后经南星桥港（Ⅶ级航道、通航净空 18m×3.5m）、严家里、湘漾里，终于大麻镇西木桥附近，终点位于运河二通道桥（规划Ⅲ级航道、通航净空 60m×7m）上桐乡与余杭的分界处，余杭段接 320 国道余杭（博陆至仁和）段。终点桩号 K24＋562，全长 24.562km；连接线起点位于主线与高崇线平交口（LK0＋012.886），沿高崇线向东布设，经过南汪家角、沈家浜、范家浜，新建范家桥（无通航要求），而后向东经过方家埭、腰桥港新建腰桥（无通航要求），之后继续向东布设于 LK2＋392.120 处，与红二线、红理线平交，而后向东布设，于 LK3＋700 位置偏离高崇线，向北偏东方向延伸，跨过向红港，新建向红港桥（无通航要求），于 LK4＋653.029 处与三亭线平交，之后往东延伸，跨石灰港设置石灰港桥（无通航要求），之后向东与高桥工业园区道路（高桥大道）相接，沿园区道路向东行进至新开河，拆除振兴大桥，新建箱涵，继续向东行进，止于迎宾大道。终点桩号 LK7＋060.648，路线全长 7.05km。主线路基宽度 43m，连接线路基宽度 24.5m，一般路段填高均小于 3m，桥头路段均大于 3m。路基设计横坡 2%。

2.2 工程地质

根据地貌类型、地层岩性、水文地质特征等进行工程地质分区，勘察区可划分为一个区，即冲湖积平原区（Ⅰ）。地势低平，水网密布，沿线以农田、池塘和村庄等为主，自然地面标高一般 1.5～4.0m。分布冲湖积可塑状粉质黏土，上部分布厚薄不均的海积淤泥、淤泥质粉质黏土及淤泥质黏土、冲海积粉土等，性质差～较差；中下部为冲湖、冲海积硬～可塑状粉质黏土，局部软塑状及稍密－密实状粉土、粉砂。

该路线段地层共划分为 8 个工程地质层组，37 个工程地质层，K9＋281.5～K9＋529.5 区间段路线位于冲湖积平原，地势平坦。上部为冲湖积粉质黏土、可塑状，冲海积粉土、稍密状；中部海积淤泥质土、流塑状，冲湖积粉质黏土，可塑—硬塑状、局部软塑状，偶夹粉土；下部为冲湖积、冲海积粉质黏土，可塑—硬塑状，粉砂呈中密—密实状，见图 2-1。

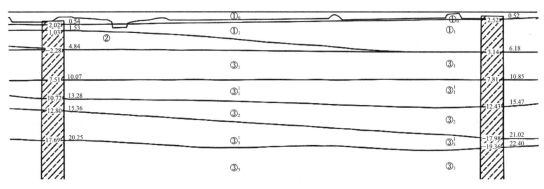

图 2-1 地质剖面图

该工程地质性质方面都具有如下特征：① 孔隙比较大，含水率高，天然含水率大于液限；② 透水性极弱；③ 压缩性较高，且随着含水率的增加而增大；④ 具有显著的蠕变性，固结时间较长；⑤ 具有比较显著的触变性，灵敏度很高，结构性明显；⑥ 抗剪强度很低；⑦ 有机质含量一般很高。

各层特征分述如下：

①₀ 填筑土（Qme）

①$_0$ 填筑土（Qme）

全线分布。杂色，松散，以粉质黏土为主，含少量植物根茎分布于地表、局部夹碎石；层顶埋深 0.00～0.00m，厚度 0.20～4.90m。

①$_1$ 粉质黏土（Q$_{43}$al＋1）

沿线广泛分布。灰黄色，软塑－可塑，见氧化铁锈斑及少量铁锰质结核，干强度、韧性中等，无摇振反应，切面稍有光泽；层顶埋深 0.00～4.30m，厚度 0.51～5.66m。

②$_1$ 粉土（Q$_{42}$dl＋m）

沿线局部分布。灰色，松散－稍密，湿－饱和，混较多黏粒，含少量云母，具微层理，中等偏低压缩性，干强度低，韧性差，摇振反应中等，切面无光泽，较粗糙；层顶埋深 0.66～5.20m，厚度 0.60～6.20m。

②$_2$ 淤泥质黏土（Q$_{42}$m）

沿线局部分布。灰色，流塑，含有机质及腐殖质，贝壳，腥臭味，干强度、韧性中低，高压缩性，切面有光泽；层顶埋深 0.00～8.70m，厚度 0.82～12.40m。

②$_{21}$ 黏土（Q$_{42}$m）

沿线零星分布。灰色，软塑－可塑，含有机质，干强度、韧性中等，中高压缩性，切面有光泽；层顶埋深 1.20～11.80m，厚度 0.80～5.20m。

③$_1$ 粉质黏土（Q$_{41}$al＋1）

沿线局部分布。灰黄色，可塑－硬塑，含铁锰质结核，见较多氧化铁锈斑，干强度、韧性中等，无摇振反应，切面稍有光泽；层顶埋深 2.00～15.10m，厚度 0.90～10.10m。

③$_{11}$ 粉质黏土（Q$_{41}$al＋1）

沿线零星分布。灰黄色，软塑，混少量粉土，干强度、韧性中低，无摇振反应，切面稍有光泽；层顶埋深 3.11～17.30m，厚度 0.80～9.00m。

③$_2$ 粉土（Q$_{41}$al＋1）

沿线零星分布。灰黄色，稍密，饱和，见云母，中等偏低压缩性，干强度低，韧性低，摇振反应迅速，切面无光泽，较粗糙；层顶埋深 4.60～15.00m，厚度 1.26～9.14m。

③$_2$ 粉土（Q$_{41}$al＋m）

沿线局部分布。灰色，稍密－中密，饱和，含云母，具微层理，中等偏低压缩性，干强度低，韧性低，摇振反应迅速，切面无光泽，较粗糙；层顶埋深 5.00～26.20m，厚度 1.20～26.10m。

③$_3$ 淤泥质粉质黏土（Q$_{41}$m）

沿线广泛分布。灰色，流塑，含有机质及腐殖质，贝壳，腥臭味，干强度、韧性中低，高压缩性，切面有光泽；层顶埋深 4.00～28.37m，厚度 1.63～25.50m。

③$_{31}$ 粉质黏土（Q$_4$lm）

沿线局部分布。灰色，流塑－软塑，含有机质，干强度、韧性中低，高压缩性，无摇振反应，切面稍有光泽；层顶埋深 5.30～32.00m，厚度 0.90～12.60m。

③₃₂ 黏土（Q_4ml）

沿线局部分布。灰色，软塑－可塑，含有机质，干强度、韧性中等，中高压缩性，无摇振反应，切面稍有光泽，层顶埋深 16.00～40.70m，厚度 2.00～15.90m。

2.3 气象水文条件

现场试验所在地位于北亚热带南缘，属典型的亚热带季风气候，气候温和湿润，雨量充沛，四季分明，无霜期较长，又受海洋、地形、水系等自然因素的影响，基本构成了"雨热同步"，秋冬季"光温互补"的气候特点。年平均气温 15.8℃，七月份平均气温 28.2℃，一月份平均气温 3.3℃；极端最高气温 39.5℃，极端最低气温 −11℃。全市无霜期 238.3 天，初霜在十一月中旬，终霜在翌年三月中旬。年平均日照时数为 2021.9h。平均降水量 1212.3mm，最高年份 1652.6mm（1983 年），最低年份为 781.2mm。一年中有 3 个雨期，即四、五月份的春雨期，六、七月份的梅雨期和九月份的秋雨期，盛夏少雨，往往形成春涝、伏旱、秋涝、冬燥。秋季常受热带风暴及台风影响，有降水过程，发生狂风暴雨，造成灾害。风向季节性变化明显，冬季以西北风为主，其余季节多为东到东南风。

3　软土路基水囊堆载预压加固现场试验

由于国家强化环保治理工作，原则上不允许对植被覆盖山体进行开挖，路基施工时借方填料难以满足调配，严重制约路基施工进度。且后期卸载时间长，成本较高，弃土时也会对周边环境造成影响。此外，借土加载、卸载预压土均须穿越地方道路，交通组织安全风险也较高。经多方调研论证后，该项目软土路基堆载预压采用新型水囊堆载预压。

3.1　水囊堆载预压工艺

人工对路基表面带棱角石块等坚硬物进行清理，确保水囊充水后不被刺破。路基预压路段沿纵向连续布满加载密封水囊，按照需预压的路段均匀布置，隔袋进行注水，利用当地丰富的水资源，水泵蓄水加载；注水加载需分级进行加载，根据现场模拟路基土加载形式，结合第三方沉峰观测数据进行水加载，加载期间的沉降速率控制在 8mm/ 天以内，水平位移不大于 5mm/ 天，连续观测 3～5 天沉降速率控制加水时间及速度。

土工布铺设完成后，根据水袋设计宽度在土工布上采用墨线按照水袋宽度小于 20m 进行标记，防上水袋摆放位置不均，导致水袋交错，并保证水袋贴合紧密。人工配合机械将水袋吊运至指定区域摆放。水袋吊运完成后，将水袋摊开，布置平整，采用高压风机对水袋内逐个充气，确保水袋完全摊开。水囊加载预压前，对已埋设沉降观测点的标高进行测量，确定加载前的沉降值，为确保水囊加载大面积施工，按"首件制"要求，试验段加载完毕后，每天对沉降观测点进行检测。

3.2 监测目的和工作程序

3.2.1 监测目的

依据地基沉降量的组成，可以分为回填土本身的沉降量和下卧地基土的沉降量，回填土不仅是下卧土层的荷载，而且作为将来组成新地基的一部分，其本身的压缩量直接影响地基的沉降量，加之下卧层软黏土工程性质差，厚度较大且局部存在起伏。同时，由于工程陆域形成范围广，属于深厚软黏土地基上的大面积堆载，附加应力基本不会衰减直接传递到深层土体，压缩层厚度很大，故在大面积回填土的作用下会产生很大的沉降量。另外，在路基施工过程中实施沉降稳定动态控制，正确控制填筑速率以确保路堤的稳定性，并能确定加载预压强度和卸载时间，使不利的沉降量提早发生，确保结构物的安全，减少路面施工期的沉降量，从而有效地控制工后沉降量和不均匀沉降，保证路面结构完整和车辆高速平稳行驶。概括而言，本次监测工作的主要目的如下：

填筑路基期间和填筑完成后应对路基沉降变形（含地基和本体）进行连续监测。通过对路基沉降变形进行系统的观测与分析评估，在路堤填筑过程中，指导控制填土速率，及时调整设计使地基处理达到预定的变形控制要求，分析评估沉降稳定且工后沉降满足要求，确保路基稳定和软基处理的效果。

3.2.2 监测意义

（1）通过一定频率的监测工作，反映场地前期实际的沉降规律，便于建设掌握初期堆填场地的沉降特点，为填筑施工期间控制分层填筑高度、填筑速率提供有力技术保障，确保填筑工程安全有效进行，同时，为场地填筑方量的计算提供第三方参考依据。

（2）通过对多次监测成果分析，总结场地沉降的真实状况及发展规律，为后期建设地基沉降治理提供依据。

（3）通过对场区内规划道路进行长期观测，监测场地最终沉降或沉降稳定时间，为后期同类工程场地提供沉降发展经验，并为验证地基处理的效果提供可靠证据。

3.2.3 监测要求

根据本工程监测技术要求和现场施工具体情况，本项目监测按以下要求进行：

（1）严格按施工图设计要求进行沉降观测板的制作和埋设，并符合有关规范规程的要求。

（2）监测过程中，采用的监测方法、监测仪器及监测频率符合设计和规范要求，能及时、准确地提供数据，满足相应要求。

（3）监测数据的整理和提交满足相关规范设计及建设单位的要求。

3.2.4 监测工作程序

1. 初始调查

在施工前对场地进行初始调查，了解其现状，为监测工作的顺利开展做好准备。

2. 编制监测实施大纲

监测单位按照本技术要求及业主的合同约定，编制监测实施大纲和方案，监测方案须经设计单位、业主单位现场审查通过后方可实施。

3. 监测控制网的布设

该工程控制网主要为监测基准网，用于各垂直位移监测项目（即沉降监测）的高程控制基准。将在进场后根据现场条件结合规范要求进行布设基点，在靠近监测目标且便于长期保存和联测的稳定位置，可选择基岩或桥梁，建立闭合环，每次沉降观测前与嘉兴市二等水准点（已知高程控制点）联测一次。

4. 测点布设及取得初始监测值

1）监测点布设

（1）道路沉降观测点的布置：沿道路布置沉降观测点，纵向三排，桥梁两侧分别布置两个断面，第一个断面离桥梁起终点桩号约5m，第二个断面离桥梁起终点桩号约25m，一般路段每间隔100m布置一个断面；桥梁两侧分别布置沉降板和边桩观测点，一般路段只设置沉降板。

（2）观测点的埋设：按平面图位置测放沉降观测点及位移边桩，埋设前需经建设单位、监理单位确认。

2）初始监测值

监测点的埋设需严格按照相应规范进行，以确保监测数据可靠。监测点初始观测值的取得，需待监测点稳定后进行观测。

3）现场监测

现场监测工作由现场监测组实施。

3.3　监测内容

为了能够为施工的安全顺利进行提供有效参考数据，经设计单位提出的监测技术要求、业主招标文件要求、相关规范要求，综合考虑监测主要设置如下：

（1）沉降板垂直位移监测。

（2）边桩水平位移监测。

监测内容准备工作：

（1）了解所监测项目的工程概况、地质水文、结构层次、周边环境、有无不良地质情况等，根据工程概况制定相应的监测实施方案。

（2）组织与项目要求相符合的仪器、设备、人员等。

（3）技术措施。

1）测量方法

（1）固定测量人员，尽可能减少人为误差。

（2）固定测量仪器，尽可能减少仪器本身系统误差。

（3）固定测量时间，尽可能减少自然因素造成的误差。

（4）使用不同方法进行测量，以检查测量数据的可靠性。

（5）固定监测线路，尽可能减少线路造成的误差。

2）测量仪器

（1）仪器在使用前均由法定计量单位进行检验，经检验合格并在有效期限内方可使用。

（2）每天测试前均应对所使用的仪器进行自检，并详细记录自检情况，使用完毕后记录仪器运行情况。

（3）使用过程中若发生仪器异常情况，除立即对仪器进行维修和调换外，同时要对当天测量的数据进行重新测试。

3）数据处理

（1）使用成熟的专业软件对数据进行处理。

（2）生成的报告要经自检、校核无误后方可盖章送出。

（3）测量数据发生异常要及时对数据的可靠性进行分析。

3.4 监测依据

3.4.1 执行规范和标准（部分）

（1）《国家一二等水准测量规范》GB 12897—2006。

（2）《建筑变形测量规范》JGJ 8—2016。

（3）《公路路基设计规范》JTG D 30—2015。

（4）《公路软土地基路堤设计与施工技术细则》JTG/TD 31—02—2013。

（5）《320 国道桐乡凤鸣至大麻段改建工程两阶段施工图设计》变更设计图及其他本工程施工设计文件。

（6）其他国家、行业颁布的标准、规范及试验检测规程等。

3.4.2 方案设计原则

1）系统性原则

（1）监测的数据应能进行相互校核，形成整体。

（2）运用系统功效对监测对象进行立体监测，确保所测数据的准确、及时。

（3）在施工过程中进行连续监测，确保数据的连续性。

（4）利用系统功效减少测试误差，提高监测控制精度。

2）可靠性原则

（1）采用的监测手段是成熟、可行、有效的；

（2）监测中使用的监测仪器、传感器是可靠的、具有复现性的，均通过计量标定且在有效期内，准确度控制在允许误差之内、灵敏度控制在仪器本身所规定的范围内；

（3）在方案中考虑对测点进行保护设计。

3）与结构设计相结合原则

（1）对结构设计中使用的关键参数进行监测，达到动态设计、进一步优化设计的目的。

（2）依据设计提出的具体要求结合本单位监测经验进行尽可能地优化布点。

4）与施工相结合原则

（1）结合施工实际确定测试方法、监测元件的种类、监测点的保护措施。

（2）结合施工实际调整监测点的布设位置，以尽量减少对施工质量的影响。

5）经济合理原则

（1）监测方法的选择，在安全、可靠的前提下结合工程经验尽可能采用直观、简单、有效的方法。

（2）监测点的数量，在确保全面、安全的前提下，合理利用监测点之间联系，减少测点数量，提高工作效率，降低成本。

3.4.3　监测仪器设备投入

根据监测项目的种类及监测精度的要求，选择满足条件的各类监测仪器，主要仪器如全站仪、精密水准仪、测斜仪等均选用进口型号，该项目拟投入的主要监测、仪器设备详见表 3-1。

主要监测、仪器设备表　　　　　　　　　　　　　　　　表 3-1

序号	仪器设备名称	规格型号	精密度	单位	数量
1	全站仪	Leica TS02	测角 ±1.0″ 测距 1mm＋1.5ppm	套	2
2	电子水准仪	Trimble DINI03	±0.3mm/km	套	2
3	测斜仪	金土木 CX-901F	±0.01mm/500mm	套	3
4	电脑	Lenovo	—	台	2
5	便携机	Think pad	—	台	2
6	对讲机	KENWOOD	—	套	4
7	打印机	Lenovo M7400Pro	—	台	2

主要监测、仪器设备的图件及性能见表 3-2。

监测、仪器设备的图件及性能　　　　　　　　　　　　　表 3-2

仪器设备名称 / 型号	仪器图件	仪器精度指标
全站仪 /TS02		徕卡 TS02 全站仪。测角精度指标为 ±1.0″，测距精度指标为 1mm＋1.5ppm

仪器设备名称/型号	仪器图件	仪器精度指标
电子水准仪/DINI03		美国 Trimble 公司生产 DINI03 电子水准仪，仪器标称精度为 0.3mm/km

3.5 监测点布置

3.5.1 控制点的布设与测量

1）监测控制点的布设

为保证所有监测工作的统一，提高监测数据的精度，使监测工作能有效地指导整个施工，本次监测工作采用由整体到局部的原则。即首先布设统一的监测控制网，再在此基础上布设监测点（孔）。

监测控制网主要用于路基沉降、路基水平位移及深层水平位移等方面的监测。监测控制网分两部分：

（1）平面控制网：用于各水平位移监测项目平面控制基准。

（2）水准控制网：用于各垂直位移监测项目（即沉降监测）的高程控制基准。

基准点应埋设在变形区以外稳定的原状土层内，或将标志镶嵌在裸露的基岩上；或利用稳固的建（构）筑物，设立墙角水准点；当条件受限时，在变形区内也可埋设深层钢管标或双金属标。基准点数量不应少于 3 个；当基准点距离所监测工程较远或由于通视条件不良、致使监测作业不方便时，应设置工作基点；基准点和工作基点应在工程施工前埋设，并经观测确定其稳定后，方可投入使用。该项目拟采用与施工方共用基准点的方式，能起到相互校核作用。

根据现场情况，本次监测平面控制点拟布设约 4 个，编号为 BM19、BM20、BM21、FD16，控制区域为整个监测区。水平位移监测基准网，可采用三角形网、导线网、GPS网和视准线等形式，当采用视准线时，轴线上或轴线两端应设校核点。水平位移监测基准网宜采用独立坐标系统，并进行一次布网。必要时，可与国家坐标系统联测。狭长形建筑物的主轴线或其平行线，应纳入网内。大型工程布网时，应充分顾及网的精度、可靠性和灵敏度等指标。基准网点位应设在稳定、安全的地方，有条件可采用固定观测墩；通常在地面埋设钢钉点，顶上刻划“＋”字。

本次测段监测布设 4 个水准测量基准点，编号为 BM19、BM20、BM21、FD16，每 6 个月联测一次，以校核其稳定性。

2）控制测量

（1）仪器设备选用。平面控制点测量用徕卡 TS02 全站仪，如图 3-1 所示，其标称精度为：测距 ±（1mm＋1.5ppm×D），测角 ±1″。

水准测量用天宝 DINI03 电子水准仪如图 3-2 所示，并配合精密铟钢水准尺进行观测，其标称精度为：±0.3mm/km。

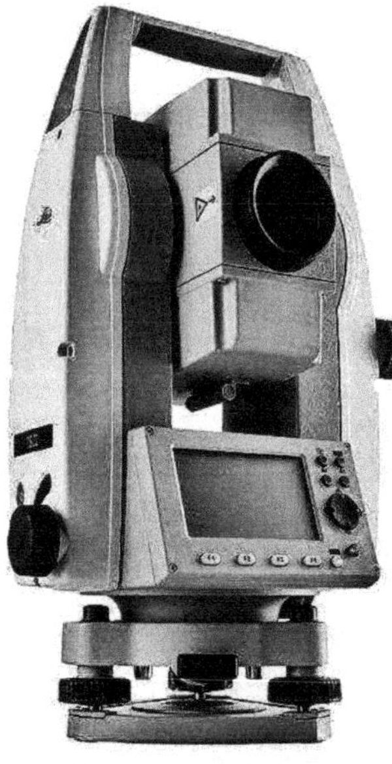

图 3-1　徕卡 TS02 全站仪

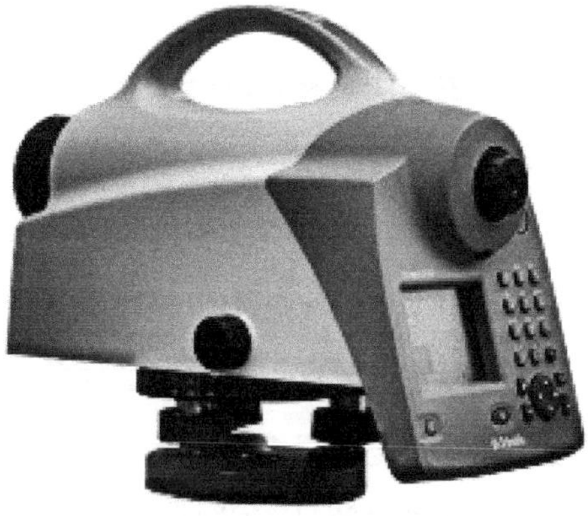

图 3-2　天宝 DINI03 电子水准仪

（2）控制测量精度要求。垂直位移监测网水准测量按二等精度进行观测，其主要技术指标详见表 3-3。

垂直位移监测网水准测量技术指标表　　表 3-3

等级	测站高差中误差 /mm	往返较差、附合差、闭合差 /mm	检测已测测段高差之差
二等	0.5	$1.0\sqrt{n}$	$1.5\sqrt{n}$

注：表中 n 为测站数。

垂直位移监测网观测的主要技术要求，应符合表 3-4 的规定。

垂直位移监测网观测的主要技术要求表　　　　　　　　表 3-4

等级	视线长度 /m	前后视距差 /m	前后视距差累积 /m	视线离地面高度 /m	基辅分划（或二次）读数差 /mm	基辅分划（或二次）高差之差 /mm
二等	50	2.0	3.0	0.2	0.5	0.7

注：当采用电子水准仪观测时，同一尺面的两次读数差，不设限差，两次读数所测高差之差，执行基辅分划所测高差之差的限差。

水平位移监测网按二等精度进行观测，其精度要求详见表 3-5。

水平位移监测精度　　　　　　　　表 3-5

监测等级	一等	二等	三等
监测点坐标值误差（mm）	±1.0	±3.0	±5.0

二等水平位移监测网主要技术要求详见表 3-6。

二等水平位移监测精度　　　　　　　　表 3-6

监测等级	测角中误差（±）	测距中误差（mm）
二等	±1.5	±3.0

测量过程中应遵守"五固定"原则：固定观测人员；固定观测仪器；固定观测水准尺；固定观测路线；固定观测方法，尽可能减少系统误差的影响。测量成果经内业检查合格后，通过平差方法求得各点的最终结果。

3.5.2　路基工程监测

1）路基沉降位移监测

（1）测点布设：路基垂直位移监测点的布置位置应根据设计图纸要求。第一标段路基垂直位移监测点总计 602 点，监测点埋设由施工方负责。

（2）埋设方法：沉降板：采用 500mm×500mm×10mm 的钢板制作，及 ϕ42mm 的 30 号冷轧无缝钢管，将冷轧钢管子焊在钢板上，测管的垂直度为 90°，测管底部须与钢板牢固焊接。测管外的套护筒，采用规格为 300mm×300mm×5mm 的钢板制作，ϕ89mm 的 30 号冷轧无缝钢管，将冷轧钢管子焊在钢板上，测管的垂直度为 90°。施工期间应加强对测管的保护，避免其受到损坏。监测点应在路基填筑前埋设到位，且在填筑前，进行初读数观测，初读数观测 2 次取其稳值平均值。路基沉降板实体如图 3-3 所示。

图 3-3　路基沉降板实体图

（3）测量方法：采用精密水准测量方法从高程控制网引入高程，观测精度为变形测量二等精度，与垂直位移监测基准网测量精度相同，采用固定测站组成闭合或附合水准线路进行观测，经内业校核合格后进行平差并计算出各监测点的高程。

累计变化量＝本次测量值－初始测量值

本次变化量＝本次测量值－上次测量值

作业流程：作业流程如图 3-4 所示。

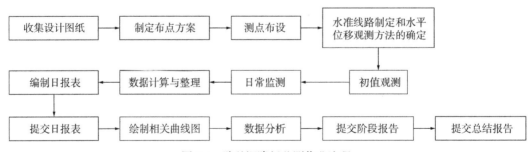

图 3-4　路基沉降板监测作业流程

2）路基位移边桩监测

（1）测点布设：路基位移边桩监测点的布置位置应根据设计图纸要求。第一标段路基位移边桩监测点总计 828 点，监测点埋设由施工方负责埋设。

（2）埋设方法：在两侧路堤坡脚外 10m 处各设一个位移观测边桩。位移观测边桩采用 C15 混凝土预制，断面采用 120mm×120mm 正方形，长度不小于 1.5m。并在桩顶预埋 ϕ20mm 钢筋，顶部磨圆并刻画十字线。边桩埋置深度在地表以下不小于 1.0m，桩顶露出地面不应大于 10cm。埋置方法采用洛阳铲或开挖埋设，桩周边以 C15 混凝土浇筑固定，确保边桩埋置稳定。完成埋设后采用全站仪或 RTK 测量边桩至基桩的距离作为初始读数。

（3）测量方法：选用徕卡 TS02 全站仪，全站仪（测角精度指标为 ±1.0″，测距精度指标为 1mm＋1.5ppm），采用极坐标法，是最常用、最简单的监测方法。一般需要两个或两个以上的工作基点，极坐标测量示意如图 3-5 所示。

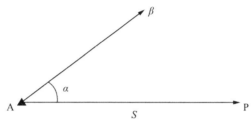

图 3-5　极坐标测量示意图

$$\alpha_{AP} = \alpha_{AB} + \beta = \operatorname{arclan} \frac{y_B - y_A}{x_B - x_A} + \beta$$

$$x_P = x_A + S_{AP} \cos \alpha_{AP}$$

$$y_P = y_A + S_{AP} \sin \alpha_{AP}$$

观测时在工作基点 A 架设全站仪、在后视点 B（工作基点）和监测点 P 架设棱镜，利用全站仪的测角功能测定夹角，用全站仪的测边功能测定边长 S_{AP}。再按以上公式可计算出监测点 P 的坐标，一般现在全站仪都可以直接测量出被测点的坐标。

外业观测作业按观测技术要求进行。一般水平角观测 6～9 个测回，距离测量 4～6 个测回，外业作业的限差应符合观测技术设计要求的规定。

极坐标监测对一个区域的独立水平位移监测点，可分组进行，即一次在若干个监测点上架设棱镜同时进行水平角和边长观测。在监测点多于 2 个（即水平角观测方向多于 3 个时）水平角观测应按全圆测回法观测（即需要归零）。

仪器：全站仪或 RTK；精度：测量精度为 ±1mm。

累计变化量＝本次测量值－初始测量值

本次变化量＝本次测量值－上次测量值

根据现场具体情况，水平位移观测有时还可采用小角度法、直线法等进行观测，或几种方法同时采纳，以避开各种障碍，获得较完整的监测数据。

（4）作业流程：作业流程如图 3-6 所示。

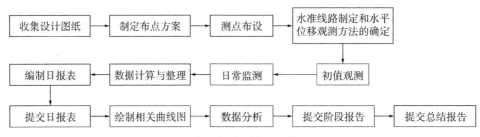

图 3-6　路基位移边桩监测作业流程

3.5.3　监测点统计

监测点统计见表 3-7。

监测点统计表　　　　　　　　　　　　　　表 3-7

序号	监测项目	第一标段	单位	构成	埋设方法
1	沉降板沉降	12	点	沉降板	埋设
2	边桩位移	8	点	边桩	埋设

根据设计文件需要做路基沉降位移观测的断面和平面布置如图 3-7 和图 3-8 所示。

图 3-7　观测仪器布置横断面图

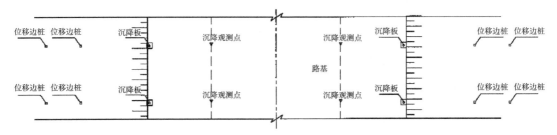

图 3-8　观测仪器布置平面布置图

3.5.4 人工巡视

现场巡视，用目测观察结构与路基的稳定性是作用很大的监测方法，它有利于获得是否存在不稳定征兆的直观信息。巡视观察若发现异常和危险情况应及时通知相关各方。现场巡视主要内容如下：

1）围（支）护结构体系

（1）开挖面地质状况：岩（土）层性质及稳定性、地下水控制效果和其他情况。

（2）支护结构体系：冠梁变形，施工质量，桩加内撑，桩间土稳定及渗漏水情况，支护体系施作及时性、支护体系开裂、变形变化、支护体系施工质量缺陷、超载与超挖和其他情况。

（3）路基周边环境：坑边超载、地表积水及截水排水措施和其他情况。

2）周边环境

（1）建（构）筑物：① 建（构）筑物开裂、剥落，包括裂缝宽度、深度、数量、走向、剥落体大小、发生位置、发展趋势等；② 地下室渗水。包括渗水量、发生位置、发展趋势等。

（2）道路（路面）：① 地面开裂，包括裂缝宽度、深度、数量、走向、发生位置、发展趋势等；② 地面沉陷、隆起，包括沉陷深度、隆起高度、面积、位置、距墩台的距离、距路基（或隧道）的距离、发展趋势等；③ 地面冒浆／泡沫，包括出现范围、冒浆／泡沫量、种类、发生位置、发展趋势等。

（3）地下管线：① 管体或接口破损、渗漏，包括位置、管线材质、尺寸、类型、破损程度、渗漏情况、发展趋势等；② 检查井等附属设施的开裂及进水，包括裂缝宽度、深度、数量、走向、位置、发展趋势、井内水量等。

（4）周边邻近施工情况：在施工程项目规模、结构、位置、进度、与轨道交通水平距离、垂直距离等。

3）施工工况

（1）暴露的土质情况岩土勘察报告有无差异。

（2）分层厚度是否与设计要求一致。

（3）场地地表水、地下水排放状况是否正常，回灌设施是否运转正常。

（4）路基周边地面有无超载。

4）监测设施

（1）基准点、监测点有无破损、泄漏情况。

（2）监测的完好及保护情况。

（3）有无影响观测工作的障碍物。

3.5.5 监测点保护

监测点安装好后，应做好标记，邀请现场业主、监理和施工单位对各类测点进行验收，并和施工单位协商在施工期间如何对各类监测点进行保护。在测点位置禁止堆放材料，避免监测点数据无法连贯性。加强测点的保护工作，提高测点的成活率。监测工作实施过程中如某一基准点被破坏，将及时通报业主、监理和施工总包方并及时重新埋设，埋设结束后和未被破坏的基准点进行联测；并测取初始值，破坏点的累计在破坏前累计的基础上继续累加，确保监测点监测数据的连续性。

3.5.6 监测的重点难点分析

公路路基测量是公路施工的重要环节之一，如果测量不准确，路基就很容易出现沉降、塌陷等问题，严重时还会造成重大的质量事故。所以一定要严格做好公路路基测量工作，杜绝质量隐患，保障工程质量。

（1）监测重点：公路路基沉降位移测量是一项专业性较强、难度性较高的工作，也是公路工程项目建设的基础和关键所在。测量工作开展成效与公路路基建设施工质量控制，以及公路工程项目整体建设施工质量控制有着较深程度影响。在公路施工建设中，只有路基的施工质量有了保证，才能确保公路通车使用后的安全性与稳固性。通过施工监测路基沉降位移工作还可以掌握到公路路基建设过程中是否存在软土路基的不均匀沉降情况，便于工程项目建设方案有针对性地进行调整，避免因不良情况出现沉降塌陷降低公路使用寿命。

（2）监测难点：路基沉降、位移观测等项工作大多不被施工单位关注，一旦出现问题，将是无法挽回的损失。公路路基出现沉降和位移问题后，公路路面平整度会受到严重损害，车辆路面行驶过程中很有可能出现"跳车"情况，对驾驶人员的生命安全造成严重威胁。上至项目经理下至劳务队伍都需要对公路路基沉降、位移观测给予高度重视，在施工前必须按设计要求埋好观测点，观测方配备足够精度的仪器，按照要求按时观测并如实填写观测记录，如发现数据异常及时报告。观测前应对观测仪器的精确度进行审核，如不合格及时进行校对处理，以保证沉降、位移观测数据的准确性。因此，对于监测点的保护和确保数据的连续性尤为重要，也对施工方及观测单位提出了更高的要求。

3.6 监测标准

3.6.1 监测精度

垂直位移的高差中误差不应超过 1mm，水平位移、倾斜测量点位中误差不应大于 2mm。

3.6.2 监测频率

路基沉降观测工作可分为填筑期观测、预压期观测、路面施工期观测和施工后观测 4 个阶段。路基填筑量，每填筑一层应观测 1 次，2 次填筑间隔时间较长时，每 3 天至少观测 1 次。填筑完成后，第一个月每 3 天观测 1 次，第二个月至第三个月每 7 天观测 1 次，第四个月起，每 15 天观测 1 次。

监测频率还需根据填土的进展速度及土体沉降变形情况来定，在实际工作进行时，观测时间的间隔还要看地基的沉降值和沉降速率，2 次连续观测的沉降差值大于 5mm 时应增加观测频次。当出现沉降突变、地下水变化及降雨等外部环境变化时应加大观测频次。路基施工各节点时间（包括路基堆载预压土前后、卸载预压土前后、基床表层施工等）应具有沉降观测数据。

3.6.3 监测报警值控制标准

1）报警指标

（1）填筑期控制要求：极限填筑高度内，填筑速率要求 ≤ 1.5～2.0m/月；大于极限填筑高度，按每 7 天填筑一层。一般路堤沉降速率应 ≤ 15mm/24h，桥头路堤沉降速率应 ≤ 10mm/24h。各种地基其水平位移应 ≤ 5mm/24h。当观测数据超出以上范围或路堤稳定出现异常情况而可能失稳时，监测单位应立即通知施工单位停止加载并采取处理措施，待路堤恢复稳定后，方可继续填筑。

（2）路面铺筑时间的确定：路面铺筑应在沉降稳定后进行，要求连续 2 个月观测的沉降量每月≤ 5mm。一般路段控制完工后沉降≤ 50cm，桥台与路堤相邻处≤ 20cm。

根据设计和相关规范规程要求进行确定报警指标。当实测值超过警戒值应立即上报各相关单位，并加强监测频率，启动对应预案。

最终报警指标需设计、业主、监理、施工及有关部门协调确定。

2）报警流程

沉降监测预警值的设定与预报是沉降监测非常重要的一项工作，在沉降监测过程中，应设定预警值，对于超过预警值的沉降观测值应认真分析，增加监测频率，并及时向业主设计等有关单位进行汇报。报警流程示意如图 3-9 所示。

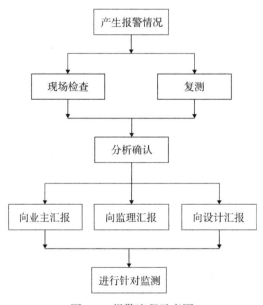

图 3-9　报警流程示意图

3.7　现阶段观测成果分析

3.7.1　施工工况简述

本次验收的断面里程为 K7＋180～K7＋840、K9＋228.5～K12＋300、K12＋300～K13＋200 区间段，区间内有 K7＋200、K7＋420、K7＋650、K7＋840、K9＋235、K9＋260、K9＋290、K9＋600、K9＋800、K10＋000、K10＋200、K10＋400、K10＋600、K10＋800、K11＋060、

K11＋260、K11＋290、K11＋310、K11＋345、K11＋430、K11＋455、K11＋465、K11＋515、K11＋585、K11＋610、K11＋675、K11＋710、K11＋740、K11＋760、K11＋860、K12＋100、K12＋300、K12＋300、K12＋500、K12＋700、K12＋950、K13＋090、K13＋115、K13＋135、K13＋170、K13＋200共41个断面，根据现场检测数据得知已达到卸载条件。

截止到2022年9月30日，本段最长观测394期，最短观测90期，满足规范中路基主体完工后，沉降变形预压期的要求。以上观测频次均满足《评估技术规程》中对观测时长的要求。

其中断面里程为K9＋228.5～K12＋300的区间内共K9＋235、K9＋260、K9＋290、K9＋600、K9＋800、K10＋000、K10＋200、K10＋400、K10＋600、K10＋800、K11＋060、K11＋260、K11＋290、K11＋310、K11＋345、K11＋430、K11＋455、K11＋465、K11＋515、K11＋585、K11＋610、K11＋675、K11＋710、K11＋740、K11＋760、K11＋860、K12＋100、K12＋300二十八个断面，根据现场检测数据得知已达到卸载条件。

该区段沉降观测最早观测时间为2021年1月30日，最晚观测时间为2022年3月14日。最早主体工程完工时间为2021年2月23日，最晚主体工程完工时间为2022年4月16日。截止到2022年9月30日，本段最长观测132期，最短观测46期，满足规范中路基主体完工后，沉降变形预压期的要求。

3.7.2 观测数据趋势

K7＋180～K7＋840、K9＋228.5～K12＋300、K12＋300～K13＋200断面里程观测数据趋势见表3-8～表3-10。

K7＋180～K7＋840断面里程观测数据趋势表　　　　　　　　表3-8

里程	测点编号	总沉降量（mm）	备注
K7＋180～K7＋840	0007200L1	74.63	
	0007200L2	65.66	
	0007200L3	65.85	
	0007420L1	13.44	
	0007420L2	14.26	
	0007420L3	12.99	

续表

里程	测点编号	总沉降量（mm）	备注
K7＋180～K7＋840	0007650L1	43.61	
	0007650L2	37.56	
	0007650L3	39.64	
	0007840L1	64.08	
	0007840L2	53.53	
	0007840L3	48.01	

K9＋228.5～K12＋300 断面里程观测数据趋势表　　　表 3-9

里程	测点编号	总沉降量（mm）	备注
K9＋228.5～K12＋300	0009235L1	42.74	
	0009235L2	40.75	
	0009235L3	40.65	
	0009260L1	19.86	
	0009260L2	41.27	
	0009260L3	47.22	
	0009290L1	37.55	
	0009290L2	29.37	
	0009290L3	37.60	
	0009600L1	57.06	
	0009600L2	71.70	
	0009600L3	70.86	
	0009800L1	71.29	
	0009800L2	86.24	
	0009800L3	87.22	
	0010000L1	45.70	
	0010000L2	40.72	
	0010000L3	42.58	
	0010200L1	32.07	
	0010200L2	40.21	

续表

里程	测点编号	总沉降量（mm）	备注
K9＋228.5～K12＋300	0010200L3	47.94	
	0010400L1	43.67	
	0010400L2	55.92	
	0010400L3	45.90	
	0010600L1	64.52	
	0010600L2	61.97	
	0010600L3	78.34	
	0010800L1	82.68	
	0010800L2	67.46	
	0010800L3	60.85	
	0011060L1	56.23	
	0011060L2	44.51	
	0011060L3	52.57	
	0011260L1	72.17	
	0011260L2	58.02	
	0011260L3	66.10	
	0011290L1	53.17	
	0011290L2	36.60	
	0011290L3	45.25	
	0011310L1	48.54	
	0011310L2	51.11	
	0011310L3	42.81	
	0011345L1	39.03	
	0011345L2	48.28	
	0011345L3	47.93	
	0011430L1	37.69	
	0011430L2	21.03	
	0011430L3	36.90	
	0011455L1	19.45	
	0011455L2	22.28	
	0011455L3	28.23	

续表

里程	测点编号	总沉降量（mm）	备注
	0011465L1	19.94	
	0011465L2	36.60	
	0011465L3	24.50	
	0011515L1	64.75	
	0011515L2	77.03	
	0011515L3	66.79	
	0011585L1	42.27	
	0011585L2	67.47	
	0011585L3	54.74	
	0011610L1	49.12	
	0011610L2	44.16	
	0011610L3	51.31	
	0011675L1	41.17	
	0011675L2	49.27	
	0011675L3	37.98	
	0011710L1	72.99	
K9＋228.5～K12＋300	0011710L2	58.11	
	0011710L3	71.40	
	0011740L1	65.83	
	0011740L2	62.02	
	0011740L3	68.46	
	0011760L1	64.88	
	0011760L2	55.20	
	0011760L3	55.79	
	0011860L1	72.15	
	0011860L2	71.22	
	0011860L3	71.04	
	0012100L1	69.17	
	0012100L2	71.53	
	0012100L3	56.55	
	0012300L1	88.13	
	0012300L2	70.46	
	0012300L3	85.92	

续表

里程	测点编号	总沉降量（mm）	备注
K9＋228.5～K12＋300	0009235W1	43.0	
	0009235W2	38.3	
	0009260W1	45.3	
	0009260W2	37.2	
	0009290W1	30.0	
	0009290W2	27.8	
	0009600W1	36.1	
	0009600W2	38.8	
	0009800W1	46.0	
	0009800W2	45.9	
	0010000W1	30.0	
	0010000W2	27.7	
	0010200W1	29.4	
	0010200W2	32.2	
	0010400W1	29.1	
	0010400W2	24.8	
	0010600W1	26.9	
	0010600W2	22.4	
	0010800W1	31.0	
	0010800W2	31.9	
	0011060W1	43.3	
	0011060W2	31.8	
	0011260W1	34.1	
	0011260W2	29.8	
	0011290W1	29.5	
	0011290W2	22.4	
	0011310W1	31.4	
	0011310W2	38.0	
	0011345W1	35.3	
	0011345W2	26.8	
	0011430W1	28.2	
	0011430W2	31.4	
	0011455W1	23.0	

续表

里程	测点编号	总沉降量（mm）	备注
K9＋228.5～K12＋300	0011455W2	33.2	
	0011465W1	26.2	
	0011465W2	22.0	
	0011515W1	27.9	
	0011515W2	32.6	
	0011585W1	34.7	
	0011585W2	32.1	
	0011610W1	30.9	
	0011610W2	31.3	
	0011675W1	36.7	
	0011675W2	30.0	
	0011710W1	31.1	
	0011710W2	35.8	
	0011740W1	35.6	
	0011740W2	40.8	
	0011760W1	28.8	
	0011760W2	29.2	
	0011860W1	30.9	
	0011860W2	24.1	
	0012100W1	25.3	
	0012100W2	23.3	
	0012300W1	23.0	
	0012300W2	19.1	

K12＋300～K13＋200 断面里程观测数据趋势表　　　　表 3-10

里程	测点编号	总沉降量（mm）	备注
K12＋300～K13＋200	0012300L1	87.06	
	0012300L2	71.03	
	0012300L3	86.23	
	0012500L1	51.98	
	0012500L2	60.65	
	0012500L3	55.81	
	0012700L1	40.76	

里程	测点编号	总沉降量（mm）	备注
	0012700L2	41.22	
	0012700L3	36.49	
	0012950L1	59.13	
	0012950L2	58.08	
	0012950L3	50.97	
	0013090L1	92.22	
	0013090L2	73.29	
	0013090L3	97.48	
	0013115L1	102.89	
	0013115L2	97.58	
	0013115L3	85.71	
	0013135L1	88.21	
	0013135L2	94.31	
	0013135L3	89.07	
	0013170L1	76.05	
	0013170L2	80.43	
K12＋300～K13＋200	0013170L3	76.61	
	0013200L1	82.72	
	0013200L2	74.83	
	0013200L3	75.62	
	0012300W1	24.7	
	0012300W2	18.1	
	0012500W1	25.5	
	0012500W2	17.7	
	0012700W1	16.0	
	0012700W2	22.8	
	0012950W1	24.5	
	0012950W2	21.6	
	0013090W1	20.6	
	0013090W2	31.3	
	0013115W1	19.7	
	0013115W2	21.8	
	0013135W1	21.5	

续表

里程	测点编号	总沉降量（mm）	备注
	0013135W2	25.7	
	0013170W1	16.3	
K12＋300～K13＋200	0013170W2	22.5	
	0013200W1	13.5	
	0013200W2	18.0	

从以上各表中可以看出，在路基的填筑过程中沉降板及位移观测边桩变形较为明显，预压期间沉降及位移变化比较平稳。

根据工况分析原因，随着路基填筑的推进，在宕渣填筑及车辆对路基的碾压产生较大的压力，从而产生较大沉降及位移。在随后的预压期间，由于路基受到堆载的重力作用，因此也发生明显的沉降及位移。

K9＋228.5～K12＋300断面里程观测数据趋势见表3-11。

K9＋228.5 ～ K12＋300 断面里程观测数据趋势表　　　　表3-11

里程	测点编号	总沉降量（mm）	备注
	0009235L1	42.74	
	0009235L2	40.75	
	0009235L3	40.65	
	0009260L1	19.86	
	0009260L2	41.27	
	0009260L3	47.22	
	0009290L1	37.55	
	0009290L2	29.37	
K9＋228.5~K12＋300	0009290L3	37.60	
	0009600L1	57.06	
	0009600L2	71.70	
	0009600L3	70.86	
	0009800L1	71.29	
	0009800L2	86.24	
	0009800L3	87.22	
	0010000L1	45.70	
	0010000L2	40.72	

续表

里程	测点编号	总沉降量（mm）	备注
K9＋228.5～K12＋300	0010000L3	42.58	
	0010200L1	32.07	
	0010200L2	40.21	
	0010200L3	47.94	
	0010400L1	43.67	
	0010400L2	55.92	
	0010400L3	45.90	
	0010600L1	64.52	
	0010600L2	61.97	
	0010600L3	78.34	
	0010800L1	82.68	
	0010800L2	67.46	
	0010800L3	60.85	
	0011060L1	56.23	
	0011060L2	44.51	
	0011060L3	52.57	
	0011260L1	72.17	
	0011260L2	58.02	
	0011260L3	66.10	
	0011290L1	53.17	
	0011290L2	36.60	
	0011290L3	45.25	
	0011310L1	48.54	
	0011310L2	51.11	
	0011310L3	42.81	
	0011345L1	39.03	
	0011345L2	48.28	
	0011345L3	47.93	
	0011430L1	37.69	
	0011430L2	21.03	
	0011430L3	36.90	
	0011455L1	19.45	
	0011455L2	22.28	

续表

里程	测点编号	总沉降量（mm）	备注
	0011455L3	28.23	
	0011465L1	19.94	
	0011465L2	36.60	
	0011465L3	24.50	
	0011515L1	64.75	
	0011515L2	77.03	
	0011515L3	66.79	
	0011585L1	42.27	
	0011585L2	67.47	
	0011585L3	54.74	
	0011610L1	49.12	
	0011610L2	44.16	
	0011610L3	51.31	
	0011675L1	41.17	
	0011675L2	49.27	
	0011675L3	37.98	
K9＋228.5～K12＋300	0011710L1	72.99	
	0011710L2	58.11	
	0011710L3	71.40	
	0011740L1	65.83	
	0011740L2	62.02	
	0011740L3	68.46	
	0011760L1	64.88	
	0011760L2	55.20	
	0011760L3	55.79	
	0011860L1	72.15	
	0011860L2	71.22	
	0011860L3	71.04	
	0012100L1	69.17	
	0012100L2	71.53	
	0012100L3	56.55	
	0012300L1	88.13	
	0012300L2	70.46	

里程	测点编号	总沉降量（mm）	备注
	0012300L3	85.92	
	0009235W1	43.0	
	0009235W2	38.3	
	0009260W1	45.3	
	0009260W2	37.2	
	0009290W1	30.0	
	0009290W2	27.8	
	0009600W1	36.1	
	0009600W2	38.8	
	0009800W1	46.0	
	0009800W2	45.9	
	0010000W1	30.0	
	0010000W2	27.7	
	0010200W1	29.4	
	0010200W2	32.2	
	0010400W1	29.1	
K9＋228.5～K12＋300	0010400W2	24.8	
	0010600W1	26.9	
	0010600W2	22.4	
	0010800W1	31.0	
	0010800W2	31.9	
	0011060W1	43.3	
	0011060W2	31.8	
	0011260W1	34.1	
	0011260W2	29.8	
	0011290W1	29.5	
	0011290W2	22.4	
	0011310W1	31.4	
	0011310W2	38.0	
	0011345W1	35.3	
	0011345W2	26.8	
	0011430W1	28.2	
	0011430W2	31.4	

续表

里程	测点编号	总沉降量（mm）	备注
K9＋228.5～K12＋300	0011455W1	23.0	
	0011455W2	33.2	
	0011465W1	26.2	
	0011465W2	22.0	
	0011515W1	27.9	
	0011515W2	32.6	
	0011585W1	34.7	
	0011585W2	32.1	
	0011610W1	30.9	
	0011610W2	31.3	
	0011675W1	36.7	
	0011675W2	30.0	
	0011710W1	31.1	
	0011710W2	35.8	
	0011740W1	35.6	
	0011740W2	40.8	
	0011760W1	28.8	
	0011760W2	29.2	
	0011860W1	30.9	
	0011860W2	24.1	
	0012100W1	25.3	
	0012100W2	23.3	
	0012300W1	23.0	
	0012300W2	19.1	

　　从以上各图中可以看出，在路基的填筑过程中沉降板及位移观测边桩变形较为明显，预压期间沉降及位移变化比较平稳。

　　根据工况分析原因，随着路基填筑的推进，在宕渣填筑及车辆对路基的碾压产生较大的压力，从而产生较大沉降及位移，在随后的预压期间由于路基受到堆载的重力作用也发生明显的沉降及位移。

3.7.3 观测数据趋势图

沉降观测板所得数据需要定期测量并记录其相对于参考点的高度差变化，利用一个稳定的地面点或一个在建筑物基础上的固定测点，使用水准仪或其他测量设备对区间内的沉降观测点的沉降数据进行监测，记录预压过程中沉降数据及达到工程要求后卸载后的沉降数据。预压期间，第一个月每天观测 1 次，第二个月至第四个月每 3 天观测 1 次，从第五个月起每 15 天观测 1 次，直到铺筑路面。通车期，沉降观测以及取少量的典型断面（2 个）进行跟踪观测，每 1~2 个月 1 次。侧向位移观测其频率与沉降观测相同。沉降标准采用双标准控制，即要求推算的工后沉降量小于设计允许值，同时要求达到以下沉降速率标准时，对桥头路段要求连续两个月的月沉降速率小于 3mm、一般路段小于 5mm 进行控制；浇筑沥青下面层时需满足：路堤施工至基层顶面后，连续 2 个月的实测沉降速率小于 3mm/月。

根据该区间所有沉降监测点中最大沉降点和最小沉降点整理出的监测数据结果，计算出各监测断面或监测桩的累计沉降量、沉降速率等，进一步绘制出时间—沉降关系曲线图，如图 3-10～图 3-23 所示。

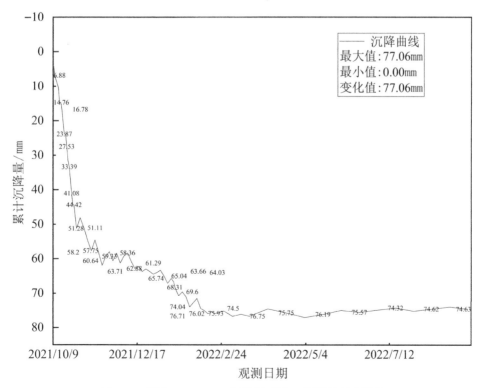

图 3-10 测点 0007200L1 沉降板时间—沉降关系曲线图

根据时间—沉降关系曲线图 3-10 可知，该区间段监测过程中该测点的最大沉降量为 77.06mm，最终沉降量为 74.63mm，最大沉降值为 4.35mm，最小沉降值为 0.00mm，平均沉降值为 1.02mm。该测点监测得到累计沉降量及沉降速率皆满足设计要求。通过水载预压对软土地基进行加固处理的方式能够满足实际工程需求。

根据时间—沉降关系曲线图 3-11 可知，该区间段监测过程中该测点的最大沉降量为 68.35mm，最终沉降量为 65.66mm，最大沉降值为 5.38mm，最小沉降值为 0.00mm，平均沉降值为 0.90mm。该测点监测得到累计沉降量及沉降速率皆满足设计要求。通过水载预压对软土地基进行加固处理的方式能够满足实际工程需求。

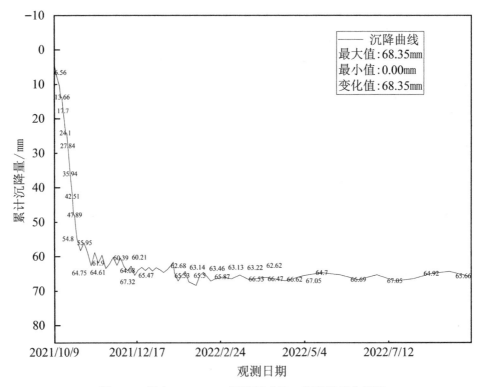

图 3-11　测点 0007200L2 沉降板时间—沉降关系曲线图

根据时间—沉降关系曲线图 3-12 可知，该区间段监测过程中该测点的最大沉降量为 66.12mm，最终沉降量为 65.85mm，最大沉降值为 4.95mm，最小沉降值为 0.00mm，平均沉降值为 0.90mm。该测点监测得到累计沉降量及沉降速率皆满足设计要求，通过水载预压对软土地基进行加固处理的方式能够满足实际工程需求。

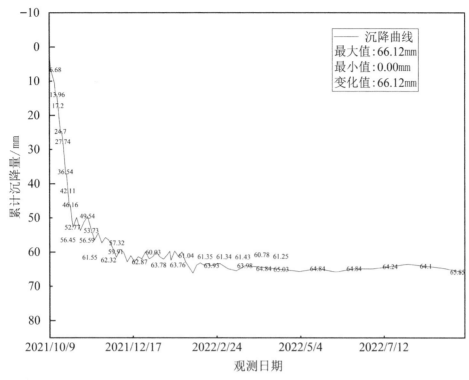

图 3-12 测点 0007200L3 沉降板时间—沉降关系曲线图

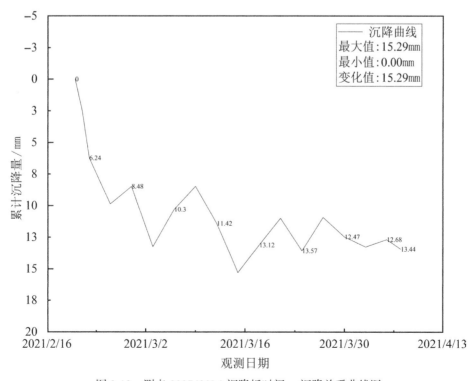

图 3-13 测点 0007420L1 沉降板时间—沉降关系曲线图

根据时间—沉降关系曲线图 3-13 可知，该区间段监测过程中该测点的最大沉降量为 15.29mm，最终沉降量为 13.44mm，最大沉降值为 4.77mm，最小沉降值为 0.00mm，平均沉降值为 0.75mm。该测点监测得到累计沉降量及沉降速率皆满足设计要求。通过水载预压对软土地基进行加固处理的方式能够满足实际工程需求。

根据时间—沉降关系曲线图 3-14 可知，该区间段监测过程中该测点的最大沉降量为 15.47mm，最终沉降量为 14.26mm，最大沉降值为 3.51mm，最小沉降值为 0.00mm，平均沉降值为 0.79mm。该测点监测得到累计沉降量及沉降速率皆满足设计要求，通过水载预压对软土地基进行加固处理的方式能够满足实际工程需求。

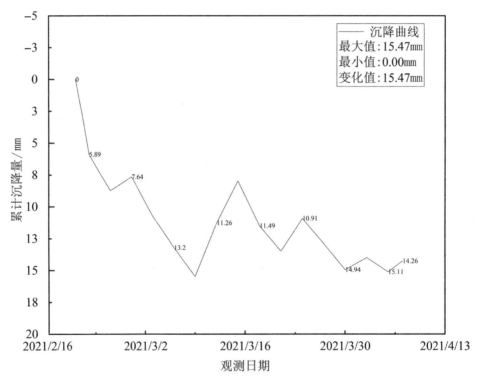

图 3-14　测点 0007420L2 沉降板时间—沉降关系曲线图

根据时间—沉降关系曲线图 3-15 可知，该区间段监测过程中该测点的最大沉降量为 14.69mm，最终沉降量为 12.99mm，最大沉降值为 4.65mm，最小沉降值为 0.00mm，平均沉降值为 0.72mm。该测点监测得到累计沉降量及沉降速率皆满足设计要求。通过水载预压对软土地基进行加固处理的方式能够满足实际工程需求。

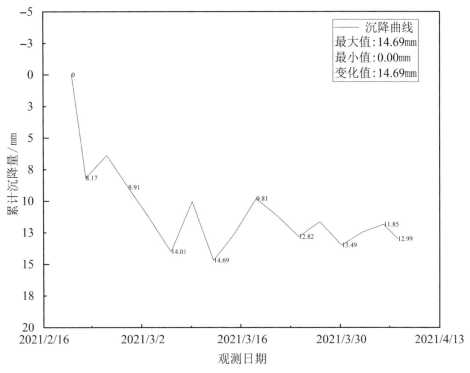

图 3-15　测点 0007420L3 沉降板时间—沉降关系曲线图

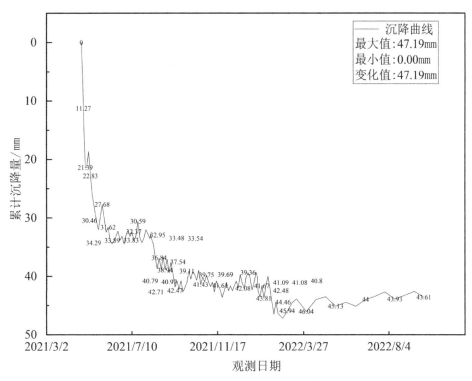

图 3-16　测点 0007650L1 沉降板时间—沉降关系曲线图

根据时间—沉降关系曲线图 3-16 可知，该区间段监测过程中该测点的最大沉降量为 47.19mm，最终沉降量为 43.61mm，最大沉降值为 4.33mm，最小沉降值为 0.00mm，平均沉降值为 0.35mm。该测点监测得到累计沉降量及沉降速率皆满足设计要求。通过水载预压对软土地基进行加固处理的方式能够满足实际工程需求。

根据时间—沉降关系曲线图 3-17 可知，该区间段监测过程中该测点的最大沉降量为 39.28mm，最终沉降量为 37.56mm，最大沉降值为 4.23mm，最小沉降值为 0.00mm，平均沉降值为 0.30mm。该测点监测得到累计沉降量及沉降速率皆满足设计要求。通过水载预压对软土地基进行加固处理的方式能够满足实际工程需求。

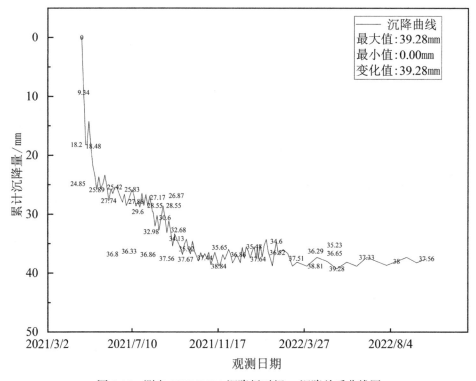

图 3-17　测点 0007650L2 沉降板时间—沉降关系曲线图

根据时间—沉降关系曲线图 3-18 可知，该区间段监测过程中该测点的最大沉降量为 42.62mm，最终沉降量为 39.64mm，最大沉降值为 4.34mm，最小沉降值为 0.00mm，平均沉降值为 0.32mm。该测点监测得到累计沉降量及沉降速率皆满足设计要求。通过水载预压对软土地基进行加固处理的方式能够满足实际工程需求。

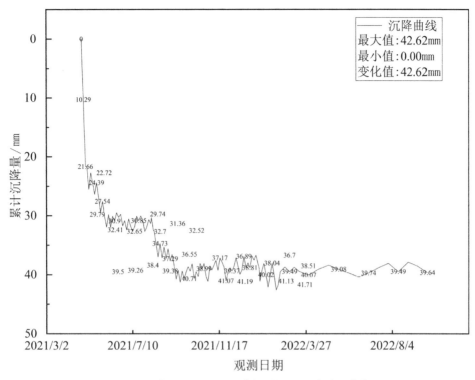

图 3-18 测点 0007650L3 沉降板时间—沉降关系曲线图

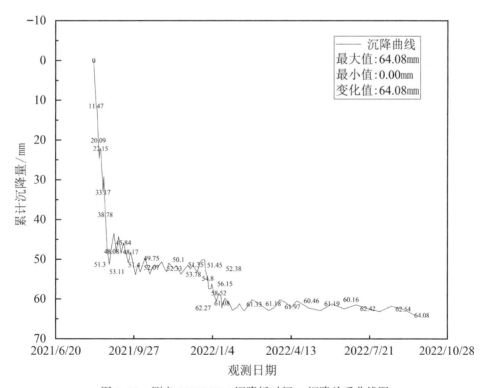

图 3-19 测点 0007840L1 沉降板时间—沉降关系曲线图

根据时间—沉降关系曲线图 3-19 可知，该区间段监测过程中该测点的最大沉降量为 64.08mm，最终沉降量为 64.08mm，最大沉降值为 5.06mm，最小沉降值为 0.00mm，平均沉降值为 0.65mm。该测点监测得到累计沉降量及沉降速率皆满足设计要求。通过水载预压对软土地基进行加固处理的方式能够满足实际工程需求。

根据时间—沉降关系曲线图 3-20 可知，该区间段监测过程中该测点的最大沉降量为 59.63mm，最终沉降量为 53.53mm，最大沉降值为 5.07mm，最小沉降值为 0.00mm，平均沉降值为 0.55mm。该测点监测得到累计沉降量及沉降速率皆满足设计要求。通过水载预压对软土地基进行加固处理的方式能够满足实际工程需求。

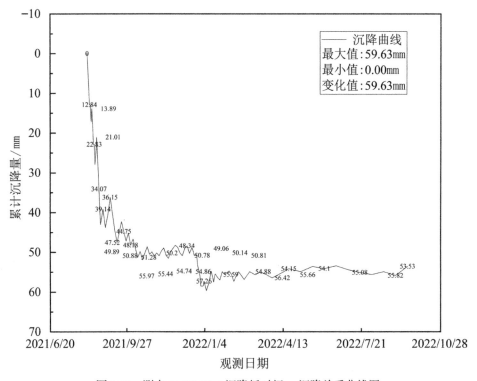

图 3-20 测点 0007840L2 沉降板时间—沉降关系曲线图

根据时间—沉降关系曲线图 3-21 可知，该区间段监测过程中该测点的最大沉降量为 48.21mm，最终沉降量为 48.01mm，最大沉降值为 5.04mm，最小沉降值为 0.00mm，平均沉降值为 0.49mm。该测点监测得到累计沉降量及沉降速率皆满足设计要求。通过水载预压对软土地基进行加固处理的方式能够满足实际工程需求。

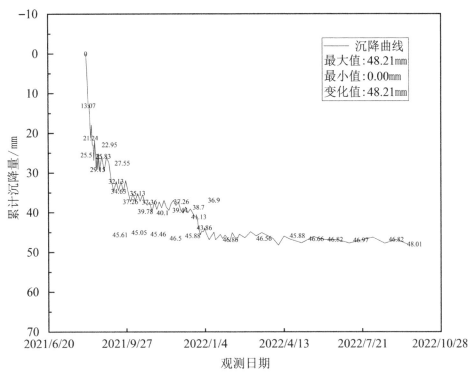

图 3-21 测点 0007840L3 沉降板时间—沉降关系曲线图

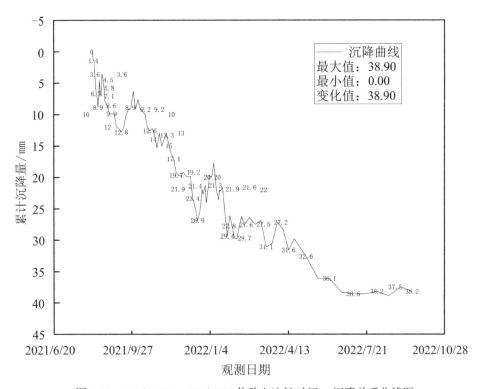

图 3-22 K7＋180～K7＋840 位移左边桩时间—沉降关系曲线图

根据时间—沉降关系曲线图 3-22 可知，该区间段监测过程中该测点的最大沉降量为 38.90mm，最终沉降量为 38.20mm，最大沉降值为 4.24mm，最小沉降值为 0.00mm，平均沉降值为 2.38mm。该测点监测得到累计沉降量及沉降速率皆满足设计要求。通过水载预压对软土地基进行加固处理的方式能够满足实际工程需求。

根据时间—沉降关系曲线图 3-23 可知，该区间段监测过程中该测点的最大沉降量为 51.90mm，最终沉降量为 43.90mm，最大沉降值为 4.24mm，最小沉降值为 0.00mm，平均沉降值为 2.45mm。该测点监测得到累计沉降量及沉降速率皆满足设计要求。通过水载预压对软土地基进行加固处理的方式能够满足实际工程需求。

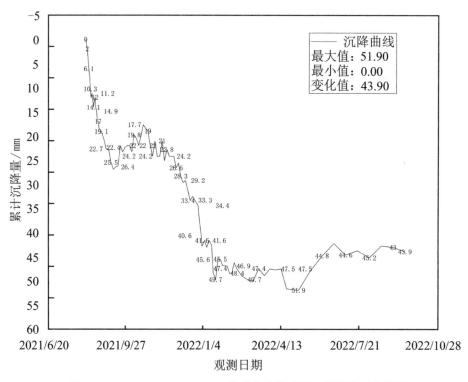

图 3-23　K7＋180 ～ K7＋840 位移右边桩时间—沉降关系曲线图

从以上各图中可以看出，在路基的填筑过程中沉降板及位移观测边桩变形较为明显，预压期间沉降及位移变化比较平稳。根据工况分析原因，随着路基填筑的推进，在宕渣填筑及车辆对路基的碾压产生较大的压力，从而产生较大沉降及位移，在随后的预压期间由于路基受到堆载的重力作用也发生明显的沉降及位移。

根据时间—沉降关系曲线图 3-24 可知，该区间段监测过程中该测点的最大沉降量为 44.40mm，最终沉降量为 42.74mm，最大沉降值为 3.9mm，最小沉降值为 0.00mm，平均沉降值为 0.49mm。表明在监测期间沉降量处于设计要求范围内，通过对测点的累计沉降量的监测数据进行分析，看出采用水载预压法对软土地基进行加固处理是有效的。该方法不仅能够控制沉降量，还能确保地基在实际工程中达到稳定的状态，从而满足工程建设的需求。

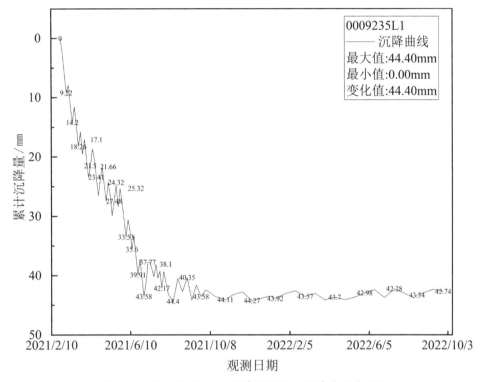

图 3-24 测点 0009235L1 沉降板时间—沉降关系曲线图

根据时间—沉降关系曲线图 3-25 可知，该区间段监测过程中该测点的最大沉降量为 41.63mm，最终沉降量为 40.75mm，最大沉降值为 3.74mm，最小沉降值为 0.00mm，平均沉降值为 0.47mm。表明在监测期间，沉降量和沉降速率均处于设计要求范围内。通过对测点的累计沉降量的监测数据进行分析，看出采用水载预压法对软土地基进行加固处理是有效的。该方法不仅能够控制沉降量，还能确保地基在实际工程中达到稳定的状态，从而满足工程建设的需求。

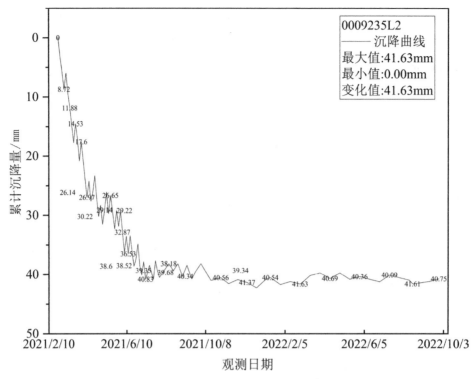

图 3-25　测点 0009235L2 沉降板时间—沉降关系曲线图

根据时间—沉降关系曲线图 3-26 可知，该区间段监测过程中该测点的最大沉降量为 41.51mm，最终沉降量为 40.65mm，最大沉降值为 3.64mm，最小沉降值为 0.00mm，平均沉降值为 0.47mm。表明在监测期间沉降量处于设计要求范围内，通过对测点的累计沉降量的监测数据进行分析，看出采用水载预压法对软土地基进行加固处理是有效的。该方法不仅能够控制沉降量，还能确保地基在实际工程中达到稳定的状态，从而满足工程建设的需求。

根据时间—沉降关系曲线图 3-27 可知，该区间段监测过程中该测点的最大沉降量为 24.33mm，最终沉降量为 19.86mm，最大沉降值为 4.08mm，最小沉降值为 0.00mm，平均沉降值为 0.23mm。表明在监测期间沉降量处于设计要求范围内，通过对测点的累计沉降量的监测数据进行分析，看出采用水载预压法对软土地基进行加固处理是有效的。该方法不仅能够控制沉降量，还能确保地基在实际工程中达到稳定的状态，从而满足工程建设的需求。

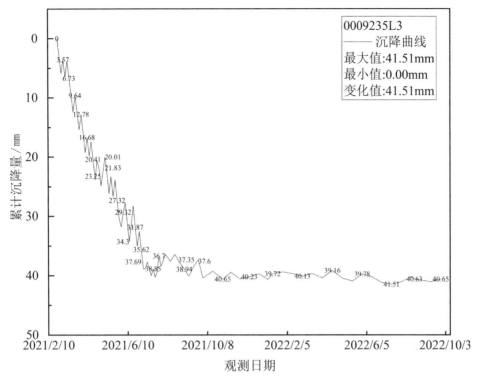

图 3-26   测点 0009235L3 沉降板时间—沉降关系曲线图

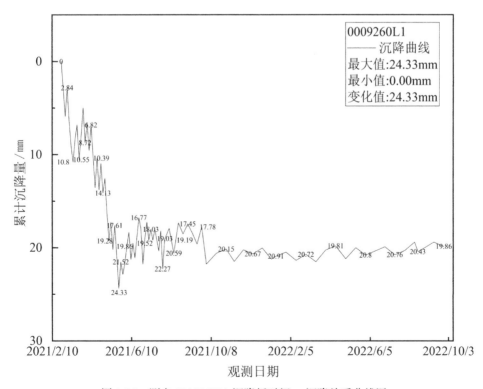

图 3-27   测点 0009260L1 沉降板时间—沉降关系曲线图

根据时间—沉降关系曲线图 3-28 可知，该区间段监测过程中该测点的最大沉降量为43.50mm，最终沉降量为 41.27mm，最大沉降值为 4.09mm，最小沉降值为 0.00mm，平均沉降值为 0.47mm。表明在监测期间沉降量处于设计要求范围内，通过对测点的累计沉降量的监测数据进行分析，看出采用水载预压法对软土地基进行加固处理是有效的。该方法不仅能够控制沉降量，还能确保地基在实际工程中达到稳定的状态，从而满足工程建设的需求。

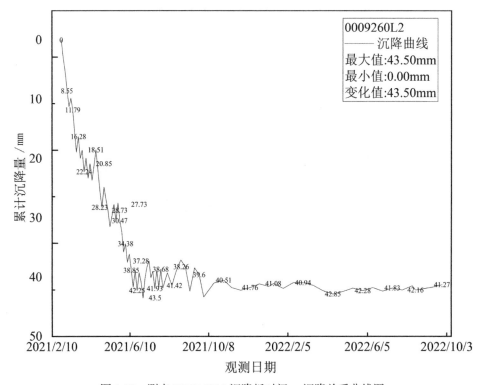

图 3-28　测点 0009260L2 沉降板时间—沉降关系曲线图

根据时间—沉降关系曲线图 3-29 可知，该区间段监测过程中该测点的最大沉降量为54.21mm，最终沉降量为 47.22mm，最大沉降值为 3.66mm，最小沉降值为 0.00mm，平均沉降值为 0.54mm。表明在监测期间沉降量处于设计要求范围内，通过对测点的累计沉降量的监测数据进行分析，看出采用水载预压法对软土地基进行加固处理是有效的。该方法不仅能够控制沉降量，还能确保地基在实际工程中达到稳定的状态，从而满足工程建设的需求。

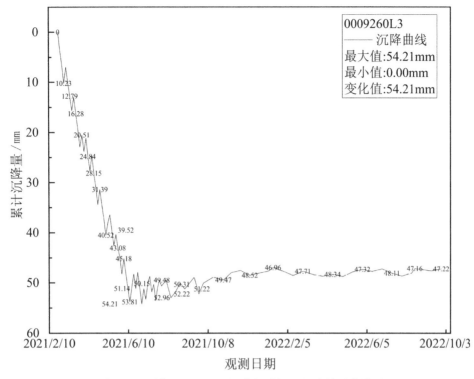

图 3-29　测点 0009260L3 沉降板时间—沉降关系曲线图

根据时间—沉降关系曲线图 3-30 可知，该区间段监测过程中该测点的最大沉降量为 37.55mm，最终沉降量为 37.55mm，最大沉降值为 4.39mm，最小沉降值为 0.00mm，平均沉降值为 1.44mm。表明在监测期间沉降量处于设计要求范围内，通过对测点的累计沉降量的监测数据进行分析，看出采用水载预压法对软土地基进行加固处理是有效的。该方法不仅能够控制沉降量，还能确保地基在实际工程中达到稳定的状态，从而满足工程建设的需求。

根据时间—沉降关系曲线图 3-31 可知，该区间段监测过程中该测点的最大沉降量为 30.09mm，最终沉降量为 29.37mm，最大沉降值为 3.89 mm，最小沉降值为 0.00mm，平均沉降值为 1.15mm。表明在监测期间沉降量处于设计要求范围内，通过对测点的累计沉降量的监测数据进行分析，看出采用水载预压法对软土地基进行加固处理是有效的。该方法不仅能够控制沉降量，还能确保地基在实际工程中达到稳定的状态，从而满足工程建设的需求。

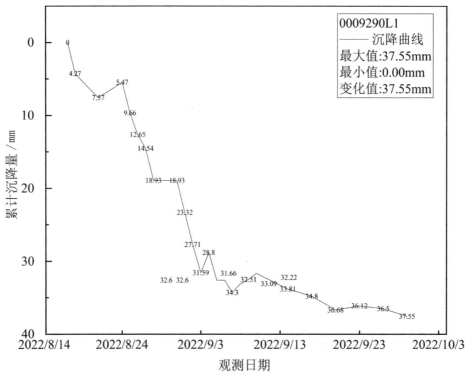

图 3-30 测点 0009290L1 沉降板时间—沉降关系曲线图

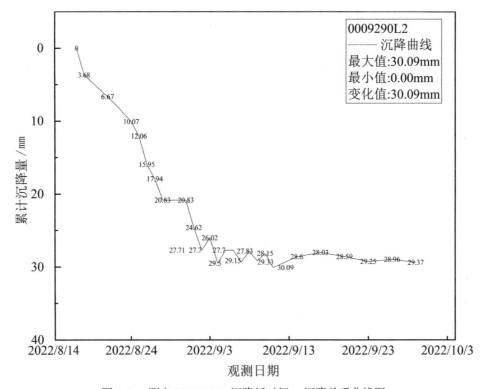

图 3-31 测点 0009290L2 沉降板时间—沉降关系曲线图

根据时间—沉降关系曲线图 3-32 可知，该区间段监测过程中该测点的最大沉降量为 37.90mm，最终沉降量为 37.60mm，最大沉降值为 4.19mm，最小沉降值为 0.00mm，平均沉降值为 1.45mm。表明在监测期间沉降量处于设计要求范围内，通过对测点的累计沉降量的监测数据进行分析，看出采用水载预压法对软土地基进行加固处理是有效的。该方法不仅能够控制沉降量，还能确保地基在实际工程中达到稳定的状态，从而满足工程建设的需求。

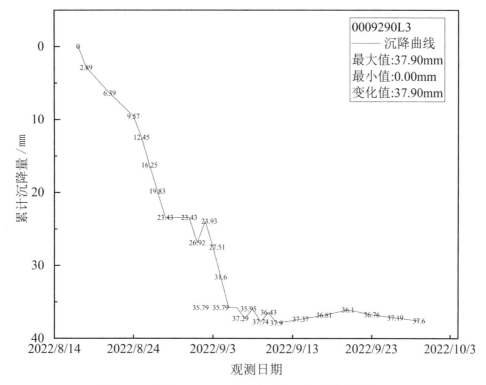

图 3-32　测点 0009290L3 沉降板时间—沉降关系曲线图

根据时间—沉降关系曲线图 3-33 可知，该区间段监测过程中该测点的最大沉降量为 59.28mm，最终沉降量为 57.06mm，最大沉降值为 5.00mm，最小沉降值为 0.00mm，平均沉降值为 0.88mm。表明在监测期间沉降量处于设计要求范围内，通过对测点的累计沉降量的监测数据进行分析，看出采用水载预压法对软土地基进行加固处理是有效的。该方法不仅能够控制沉降量，还能确保地基在实际工程中达到稳定的状态，从而满足工程建设的需求。

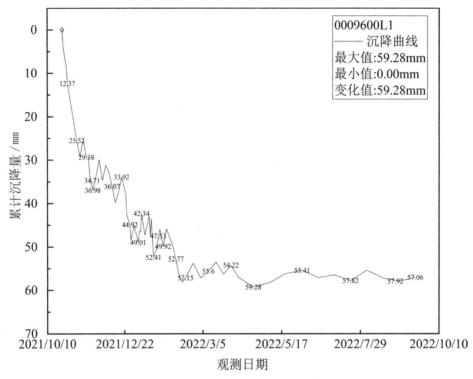

图 3-33　测点 0009600L1 沉降板时间—沉降关系曲线图

根据时间—沉降关系曲线图 3-34 可知，该区间段监测过程中该测点的最大沉降量为74.76mm，最终沉降量为 71.70mm，最大沉降值为 5.10mm，最小沉降值为 0.00mm，平均沉降值为 1.10mm。表明在监测期间沉降量处于设计要求范围内，通过对测点的累计沉降量的监测数据进行分析，看出采用水载预压法对软土地基进行加固处理是有效的。该方法不仅能够控制沉降量，还能确保地基在实际工程中达到稳定的状态，从而满足工程建设的需求。

根据时间—沉降关系曲线图 3-35 可知，该区间段监测过程中该测点的最大沉降量为70.86mm，最终沉降量为 70.86mm，最大沉降值为 4.87mm，最小沉降值为 0.00mm，平均沉降值为 1.09mm。表明在监测期间沉降量处于设计要求范围内，通过对测点的累计沉降量的监测数据进行分析，看出采用水载预压法对软土地基进行加固处理是有效的。该方法不仅能够控制沉降量，还能确保地基在实际工程中达到稳定的状态，从而满足工程建设的需求。

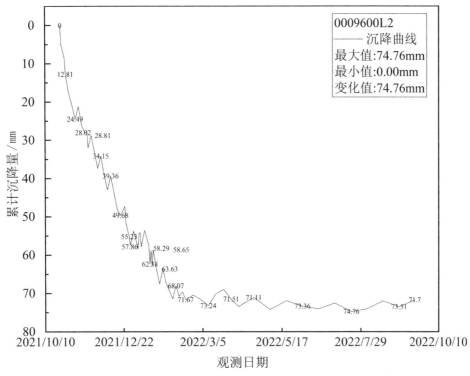

图 3-34　测点 0009600L2 沉降板时间—沉降关系曲线图

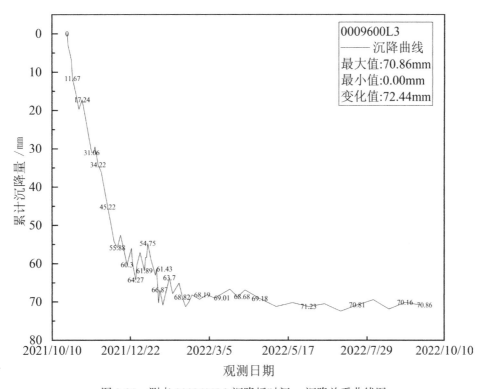

图 3-35　测点 0009600L3 沉降板时间—沉降关系曲线图

根据时间—沉降关系曲线图 3-36 可知，该区间段监测过程中该测点的最大沉降量为 74.98mm，最终沉降量为 71.29mm，最大沉降值为 5.35mm，最小沉降值为 0.00mm，平均沉降值为 0.57mm。表明在监测期间沉降量处于设计要求范围内，通过对测点的累计沉降量的监测数据进行分析，看出采用水载预压法对软土地基进行加固处理是有效的。该方法不仅能够控制沉降量，还能确保地基在实际工程中达到稳定的状态，从而满足工程建设的需求。

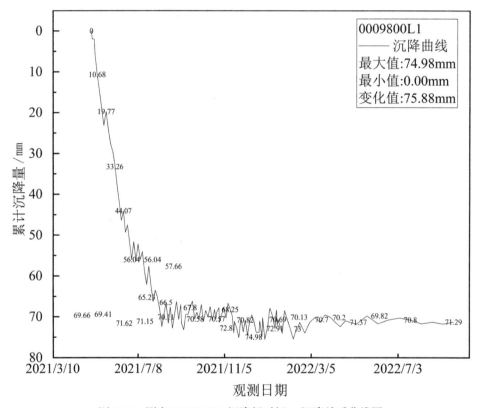

图 3-36　测点 0009800L1 沉降板时间—沉降关系曲线图

根据时间—沉降关系曲线图 3-37 可知，该区间段监测过程中该测点的最大沉降量为 95.22mm，最终沉降量为 86.24mm，最大沉降值为 5.70mm，最小沉降值为 0.00mm，平均沉降值为 0.69mm。表明在监测期间沉降量处于设计要求范围内，通过对测点的累计沉降量的监测数据进行分析，看出采用水载预压法对软土地基进行加固处理是有效的。该方法不仅能够控制沉降量，还能确保地基在实际工程中达到稳定的状态，从而满足工程建设的需求。

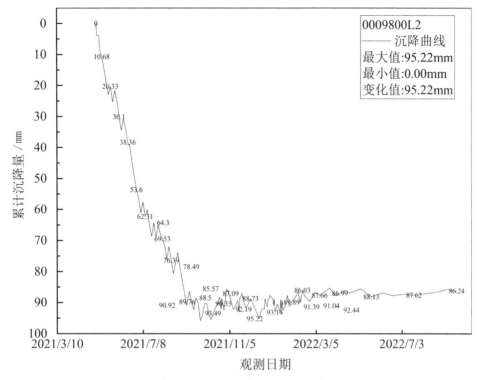

图 3-37 测点 0009800L2 沉降板时间—沉降关系曲线图

根据时间—沉降关系曲线图 3-38 可知，该区间段监测过程中该测点的最大沉降量为 87.46mm，最终沉降量为 87.22mm，最大沉降值为 5.24mm，最小沉降值为 0.00mm，平均沉降值为 0.70mm。表明在监测期间沉降量处于设计要求范围内，通过对测点的累计沉降量的监测数据进行分析，看出采用水载预压法对软土地基进行加固处理是有效的。该方法不仅能够控制沉降量，还能确保地基在实际工程中达到稳定的状态，从而满足工程建设的需求。

根据时间—沉降关系曲线图 3-39 可知，该区间段监测过程中该测点的最大沉降量为 46.55mm，最终沉降量为 45.70mm，最大沉降值为 4.41mm，最小沉降值为 0.00mm，平均沉降值为 1.00mm。表明在监测期间沉降量处于设计要求范围内，通过对测点的累计沉降量的监测数据进行分析，看出采用水载预压法对软土地基进行加固处理是有效的。该方法不仅能够控制沉降量，还能确保地基在实际工程中达到稳定的状态，从而满足工程建设的需求。

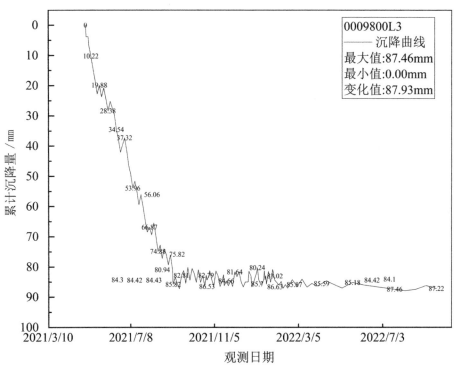

图 3-38　测点 0009800L3 沉降板时间—沉降关系曲线图

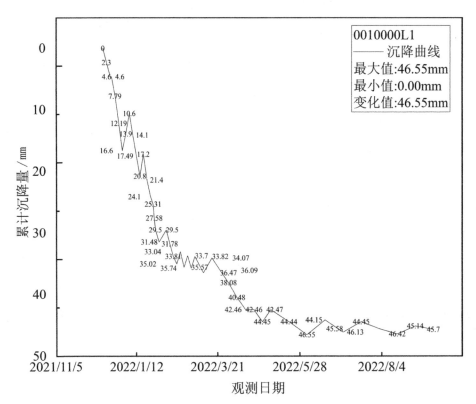

图 3-39　测点 001000L1 沉降板时间—沉降关系曲线图

根据时间—沉降关系曲线图 3-40 可知，该区间段监测过程中该测点的最大沉降量为 40.72mm，最终沉降量为 40.72mm，最大沉降值为 4.39mm，最小沉降值为 0.00mm，平均沉降值为 0.89mm。表明在监测期间沉降量处于设计要求范围内，通过对测点的累计沉降量的监测数据进行分析，看出采用水载预压法对软土地基进行加固处理是有效的。该方法不仅能够控制沉降量，还能确保地基在实际工程中达到稳定的状态，从而满足工程建设的需求。

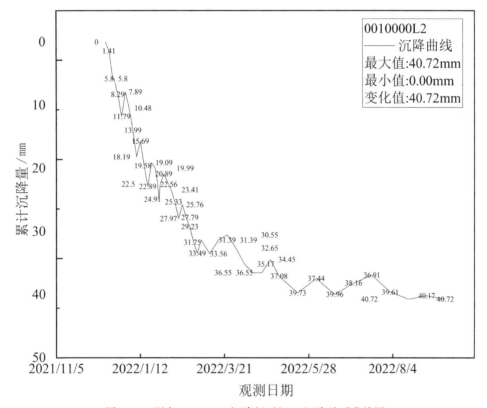

图 3-40　测点 001000L2 沉降板时间—沉降关系曲线图

根据时间—沉降关系曲线图 3-41 可知，该区间段监测过程中该测点的最大沉降量为 42.58mm，最终沉降量为 42.58mm，最大沉降值为 4.28mm，最小沉降值为 0.00mm，平均沉降值为 0.93mm。表明在监测期间沉降量处于设计要求范围内，通过对测点的累计沉降量的监测数据进行分析，看出采用水载预压法对软土地基进行加固处理是有效的。该方法不仅能够控制沉降量，还能确保地基在实际工程中达到稳定的状态，从而满足工程建设的需求。

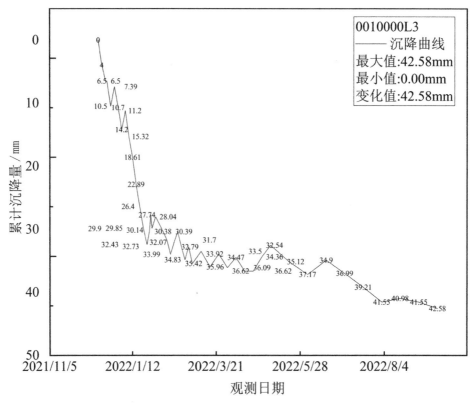

图 3-41　测点 001000L3 沉降板时间—沉降关系曲线图

根据时间—沉降关系曲线图 3-42 可知，该区间段监测过程中该测点的最大沉降量为 33.83mm，最终沉降量为 32.07mm，最大沉降值为 4.51mm，最小沉降值为 0.00mm，平均沉降值为 0.59mm。表明在监测期间沉降量处于设计要求范围内，通过对测点的累计沉降量的监测数据进行分析，看出采用水载预压法对软土地基进行加固处理是有效的。该方法不仅能够控制沉降量，还能确保地基在实际工程中达到稳定的状态，从而满足工程建设的需求。

根据时间—沉降关系曲线图 3-43 可知，该区间段监测过程中该测点的最大沉降量为 41.43mm，最终沉降量为 40.21mm，最大沉降值为 4.21mm，最小沉降值为 0.00mm，平均沉降值为 0.74mm。表明在监测期间沉降量处于设计要求范围内，通过对测点的累计沉降量的监测数据进行分析，看出采用水载预压法对软土地基进行加固处理是有效的。该方法不仅能够控制沉降量，还能确保地基在实际工程中达到稳定的状态，从而满足工程建设的需求。

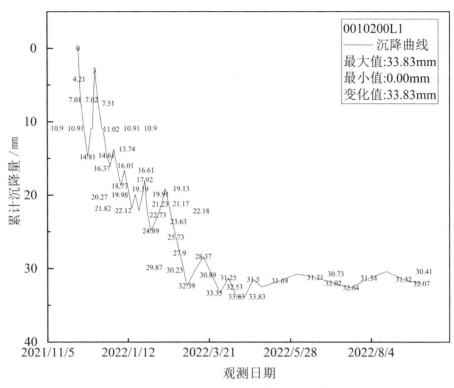

图 3-42 测点 0010200L1 沉降板时间—沉降关系曲线图

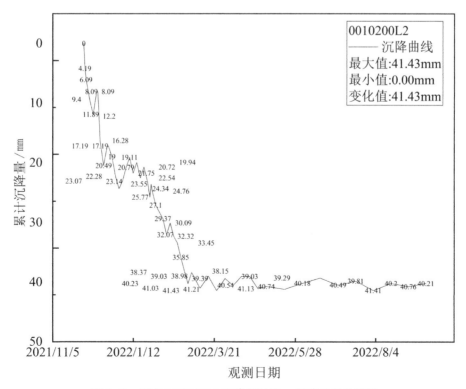

图 3-43 测点 0010200L2 沉降板时间—沉降关系曲线图

根据时间—沉降关系曲线图 3-44 可知，该区间段监测过程中该测点的最大沉降量为 49.43mm，最终沉降量为 47.94mm，最大沉降值为 4.30mm，最小沉降值为 0.00mm，平均沉降值为 0.89mm。表明在监测期间沉降量处于设计要求范围内，通过对测点的累计沉降量的监测数据进行分析，看出采用水载预压法对软土地基进行加固处理是有效的。该方法不仅能够控制沉降量，还能确保地基在实际工程中达到稳定的状态，从而满足工程建设的需求。

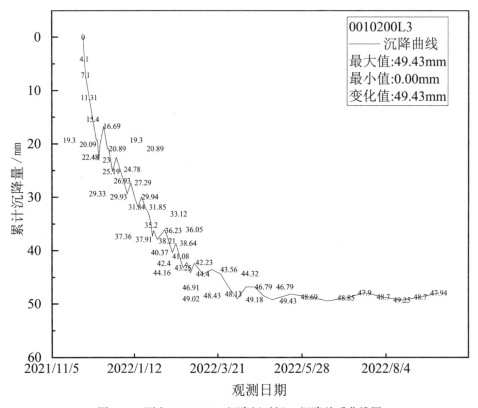

图 3-44　测点 0010200L3 沉降板时间—沉降关系曲线图

根据时间—沉降关系曲线图 3-45 可知，该区间段监测过程中该测点的最大沉降量为 46.12mm，最终沉降量为 43.67mm，最大沉降值为 4.39mm，最小沉降值为 0.00mm，平均沉降值为 0.54mm。表明在监测期间沉降量处于设计要求范围内，通过对测点的累计沉降量的监测数据进行分析，看出采用水载预压法对软土地基进行加固处理是有效的。该方法不仅能够控制沉降量，还能确保地基在实际工程中达到稳定的状态，从而满足工程建设的需求。

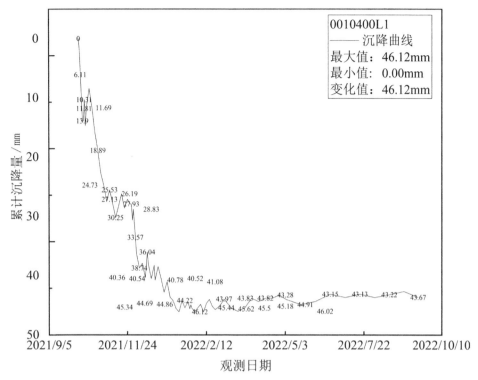

图 3-45　测点 0010400L1 沉降板时间—沉降关系曲线图

根据时间—沉降关系曲线图 3-46 可知，该区间段监测过程中该测点的最大沉降量为 57.73mm，最终沉降量为 55.92mm，最大沉降值为 4.31mm，最小沉降值为 0.00mm，平均沉降值为 0.69mm。表明在监测期间沉降量处于设计要求范围内，通过对测点的累计沉降量的监测数据进行分析，看出采用水载预压法对软土地基进行加固处理是有效的。该方法不仅能够控制沉降量，还能确保地基在实际工程中达到稳定的状态，从而满足工程建设的需求。

根据时间—沉降关系曲线图 3-47 可知，该区间段监测过程中该测点的最大沉降量为 47.33mm，最终沉降量为 45.90mm，最大沉降值为 4.39mm，最小沉降值为 0.00mm，平均沉降值为 0.57mm。表明在监测期间沉降量处于设计要求范围内，通过对测点的累计沉降量的监测数据进行分析，看出采用水载预压法对软土地基进行加固处理是有效的。该方法不仅能够控制沉降量，还能确保地基在实际工程中达到稳定的状态，从而满足工程建设的需求。

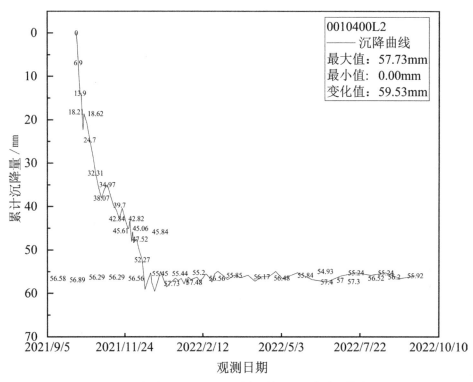

图 3-46　测点 0010400L2 沉降板时间—沉降关系曲线图

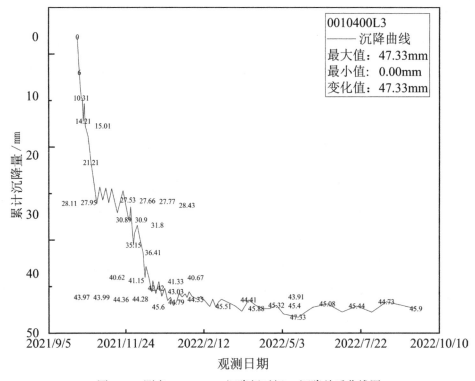

图 3-47　测点 0010400L3 沉降板时间—沉降关系曲线图

根据时间—沉降关系曲线图 3-48 可知，该区间段监测过程中该测点的最大沉降量为 65.83mm，最终沉降量为 64.52mm，最大沉降值为 5.00mm，最小沉降值为 0.00mm，平均沉降值为 1.19mm。表明在监测期间沉降量处于设计要求范围内，通过对测点的累计沉降量的监测数据进行分析，看出采用水载预压法对软土地基进行加固处理是有效的。该方法不仅能够控制沉降量，还能确保地基在实际工程中达到稳定的状态，从而满足工程建设的需求。

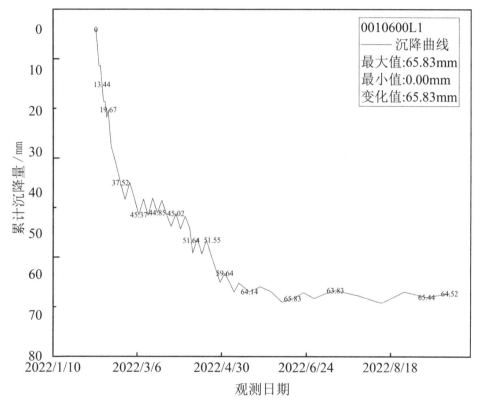

图 3-48　测点 0010600L1 沉降板时间—沉降关系曲线图

根据时间—沉降关系曲线图 3-49 可知，该区间段监测过程中该测点的最大沉降量为 63.19mm，最终沉降量为 61.97mm，最大沉降值为 4.89mm，最小沉降值为 0.00mm，平均沉降值为 1.15mm。表明在监测期间沉降量处于设计要求范围内，通过对测点的累计沉降量的监测数据进行分析，看出采用水载预压法对软土地基进行加固处理是有效的。该方法不仅能够控制沉降量，还能确保地基在实际工程中达到稳定的状态，从而满足工程建设的需求。

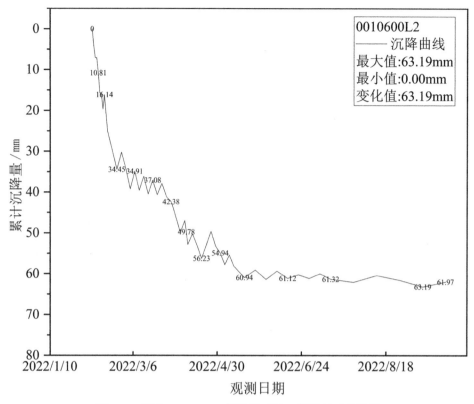

图 3-49　测点 0010600L2 沉降板时间—沉降关系曲线图

根据时间—沉降关系曲线图 3-50 可知，该区间段监测过程中该测点的最大沉降量为 78.34mm，最终沉降量为 78.34mm，最大沉降值为 5.11mm，最小沉降值为 0.00mm，平均沉降值 1.45mm。表明在监测期间沉降量处于设计要求范围内，通过对测点的累计沉降量的监测数据进行分析，看出采用水载预压法对软土地基进行加固处理是有效的。该方法不仅能够控制沉降量，还能确保地基在实际工程中达到稳定的状态，从而满足工程建设的需求。

根据时间—沉降关系曲线图 3-51 可知，该区间段监测过程中该测点的最大沉降量为 82.68mm，最终沉降量为 82.68mm，最大沉降值为 5.00mm，最小沉降值为 0.00mm，平均沉降值为 1.05mm。表明在监测期间沉降量处于设计要求范围内，通过对测点的累计沉降量的监测数据进行分析，看出采用水载预压法对软土地基进行加固处理是有效的。该方法不仅能够控制沉降量，还能确保地基在实际工程中达到稳定的状态，从而满足工程建设的需求。

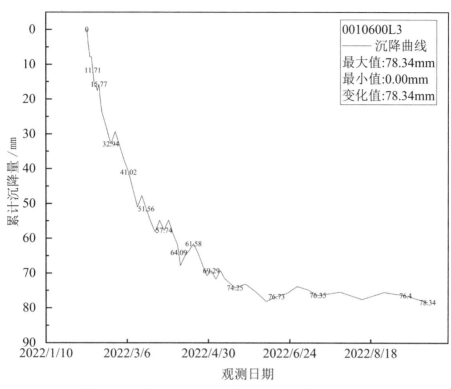

图 3-50 测点 0010600L3 沉降板时间—沉降关系曲线图

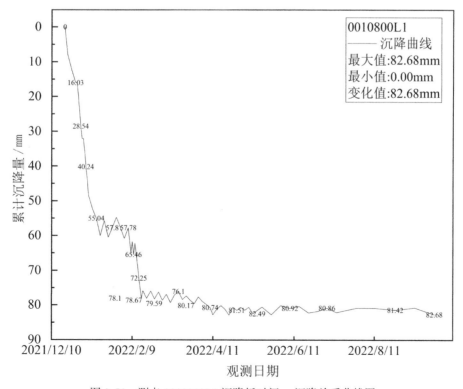

图 3-51 测点 0010800L1 沉降板时间—沉降关系曲线图

根据时间—沉降关系曲线图 3-52 可知，该区间段监测过程中该测点的最大沉降量为67.69mm，最终沉降量为 67.46mm，最大沉降值为 5.12mm，最小沉降值为 0.00mm，平均沉降值为 0.85mm。表明在监测期间沉降量处于设计要求范围内，通过对测点的累计沉降量的监测数据进行分析，看出采用水载预压法对软土地基进行加固处理是有效的。该方法不仅能够控制沉降量，还能确保地基在实际工程中达到稳定的状态，从而满足工程建设的需求。

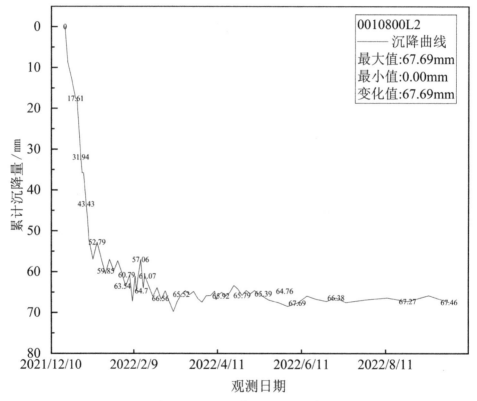

图 3-52　测点 0010800L2 沉降板时间—沉降关系曲线图

根据时间—沉降关系曲线图 3-53 可知，该区间段监测过程中该测点的最大沉降量为63.35mm，最终沉降量为 60.85mm，最大沉降值为 5.02mm，最小沉降值为 0.00mm，平均沉降值为 0.77mm。表明在监测期间沉降量处于设计要求范围内，通过对测点的累计沉降量的监测数据进行分析，看出采用水载预压法对软土地基进行加固处理是有效的。该方法不仅能够控制沉降量，还能确保地基在实际工程中达到稳定的状态，从而满足工程建设的需求。

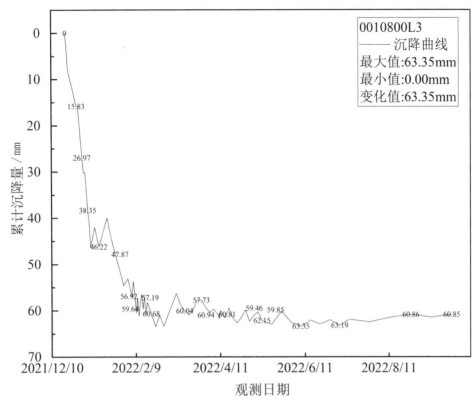

图 3-53　测点 0010800L3 沉降板时间—沉降关系曲线图

根据时间—沉降关系曲线图 3-54 可知，该区间段监测过程中该测点的最大沉降量为 58.11mm，最终沉降量为 56.23mm，最大沉降值为 5.05mm，最小沉降值为 0.00mm，平均沉降值为 0.91mm。表明在监测期间沉降量处于设计要求范围内，通过对测点的累计沉降量的监测数据进行分析，看出采用水载预压法对软土地基进行加固处理是有效的。该方法不仅能够控制沉降量，还能确保地基在实际工程中达到稳定的状态，从而满足工程建设的需求。

根据时间—沉降关系曲线图 3-55 可知，该区间段监测过程中该测点的最大沉降量为 45.39mm，最终沉降量为 44.51mm，最大沉降值为 4.91mm，最小沉降值为 0.00mm，平均沉降值为 0.72mm。表明在监测期间沉降量处于设计要求范围内，通过对测点的累计沉降量的监测数据进行分析，看出采用水载预压法对软土地基进行加固处理是有效的。该方法不仅能够控制沉降量，还能确保地基在实际工程中达到稳定的状态，从而满足工程建设的需求。

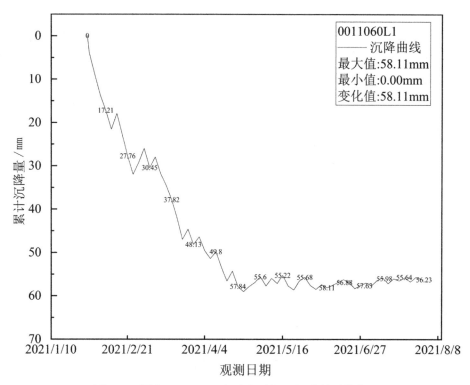

图 3-54　测点 0011060L1 沉降板时间—沉降关系曲线图

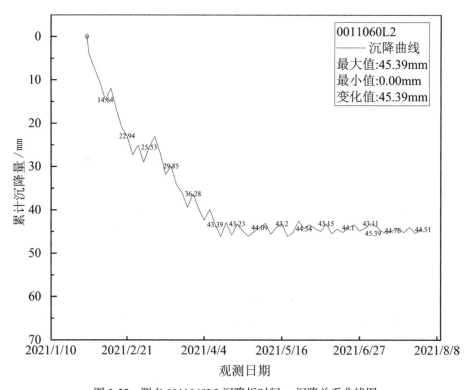

图 3-55　测点 0011060L2 沉降板时间—沉降关系曲线图

根据时间—沉降关系曲线图 3-56 可知，该区间段监测过程中该测点的最大沉降量为 54.13mm，最终沉降量为 52.57mm，最大沉降值为 5.28mm，最小沉降值为 0.00mm，平均沉降值为 0.85mm。表明在监测期间沉降量处于设计要求范围内，通过对测点的累计沉降量的监测数据进行分析，看出采用水载预压法对软土地基进行加固处理是有效的。该方法不仅能够控制沉降量，还能确保地基在实际工程中达到稳定的状态，从而满足工程建设的需求。

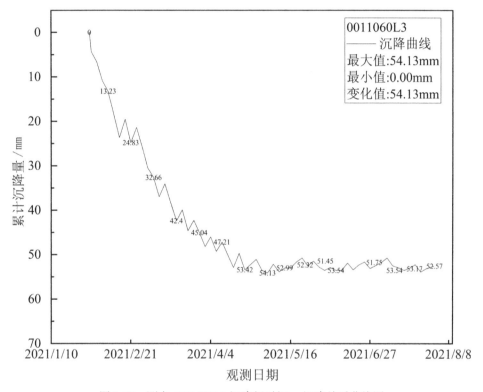

图 3-56 测点 0011060L3 沉降板时间—沉降关系曲线图

根据时间—沉降关系曲线图 3-57 可知，该区间段监测过程中该测点的最大沉降量为 72.17mm，最终沉降量为 72.17mm，最大沉降值为 5.16mm，最小沉降值为 0.00mm，平均沉降值为 1.36mm。表明在监测期间沉降量处于设计要求范围内，通过对测点的累计沉降量的监测数据进行分析，看出采用水载预压法对软土地基进行加固处理是有效的。该方法不仅能够控制沉降量，还能确保地基在实际工程中达到稳定的状态，从而满足工程建设的需求。

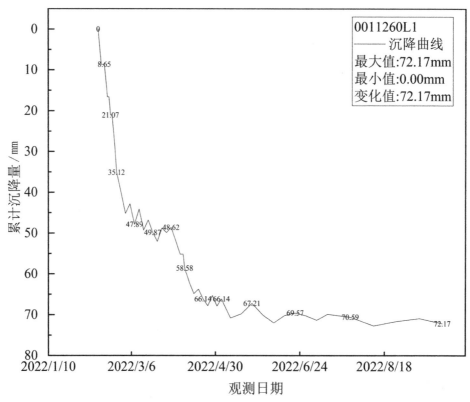

图 3-57　测点 0011260L1 沉降板时间—沉降关系曲线图

根据时间—沉降关系曲线图 3-58 可知，该区间段监测过程中该测点的最大沉降量为 58.73mm，最终沉降量为 58.02mm，最大沉降值为 5.15mm，最小沉降值为 0.00mm，平均沉降值为 1.09mm。表明在监测期间沉降量处于设计要求范围内，通过对测点的累计沉降量的监测数据进行分析，看出采用水载预压法对软土地基进行加固处理是有效的。该方法不仅能够控制沉降量，还能确保地基在实际工程中达到稳定的状态，从而满足工程建设的需求。

根据时间—沉降关系曲线图 3-59 可知，该区间段监测过程中该测点的最大沉降量为 66.64mm，最终沉降量为 66.10mm，最大沉降值为 5.15mm，最小沉降值为 0.00mm，平均沉降值为 1.25mm。表明在监测期间沉降量处于设计要求范围内，通过对测点的累计沉降量的监测数据进行分析，看出采用水载预压法对软土地基进行加固处理是有效的。该方法不仅能够控制沉降量，还能确保地基在实际工程中达到稳定的状态，从而满足工程建设的需求。

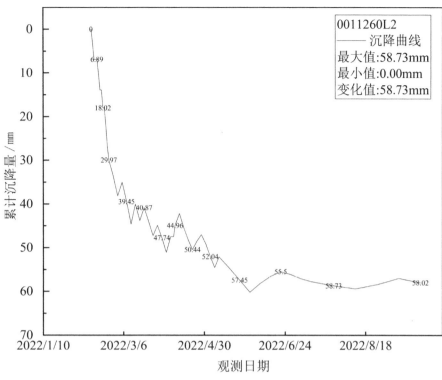

图 3-58 测点 0011260L2 沉降板时间—沉降关系曲线图

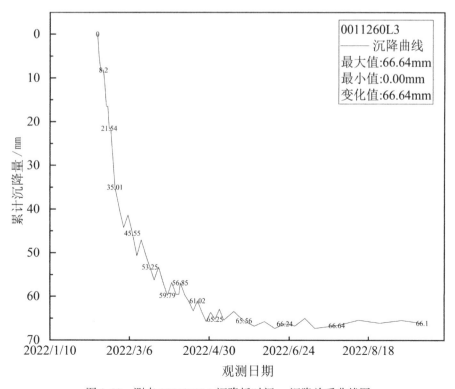

图 3-59 测点 0011260L3 沉降板时间—沉降关系曲线图

从以上各图中可以看出，在路基的填筑过程中沉降板及位移观测边桩变形较为明显，预压期间沉降及位移变化比较平稳。根据工况分析原因，随着路基填筑的推进，在宕渣填筑及车辆对路基的碾压产生较大的压力，从而产生较大沉降及位移，在随后的预压期间由于路基受到堆载的重力作用也发生明显的沉降及位移。

4 低频超声波水囊堆载预压加固现场试验

4.1 超声波激振理论研究

波动是一种基础的物理现象，它描述了振动的传播和能量的流动，并不涉及质点的实际移动。波动主要分为机械波和电磁波两大类。机械波是介质振动在空间中的传递效应，它本身并不是物质的流动，因此不能在没有介质的真空中传播。机械波形式包括水面波动、声波以及地球内部的地震波等。而电磁波则是电磁场的振动在空间中传播的结果，它是一种物质形态，能在真空中自由传播。电磁波的种类繁多，包括无线电波、微波、红外线、紫外线和人眼可以感知的可见光等。作为机械波的一种，超声波在弹性介质中传播，以其高频率、短波长、高能量和强大的穿透能力而闻名，几乎能穿透任何材料。此外，超声波传播到的空间通常称为超声场，而声压 P 是描述超声场特征的重要物理量。

声波按频率由低到高可分为，次声波、可闻声波、超声波以及特超声，具体的声波分类和特点见表 4-1。

声波的分类和特点 表 4-1

声波的种类	频率范围 /Hz	特点
次声波	< 20	不容易衰减，波长较长
可闻声波	$20 \sim 20000$	正常人耳可以听到
超声波	$20000 \sim 10^9$	频率高，传播方向强，声能集中
特超声	$10^9 \sim 10^{12}$	衰减大，波长短

4.1.1 超声场的特征参量

超声场是指在介质中存在超声波的特定空间。超声场的特征参量包括声速、频率、波长、声压、声强以及声阻抗等。

1. 声速

从宏观角度看，声速是指超声波在介质中传播的速度；从微观角度看，声速表示单位时间内超声波等相位面通过的距离，用 c 表示。

固体介质中传播的超声波纵波 c_l 和横波 c_t 的计算式分别为：

$$c_l = \sqrt{\frac{\lambda + 2\mu}{\rho}} = \sqrt{\frac{1-\delta}{(1+\delta)(1-2\delta)} \cdot \frac{E}{\rho}} \tag{4.1}$$

$$c_t = \sqrt{\frac{\mu}{\rho}} = \sqrt{\frac{G}{\rho}} = \sqrt{\frac{E}{2\rho(1+\delta)}} \tag{4.2}$$

式中：λ，μ——拉梅常数；

E——杨氏模量；

G——切变模量；

δ——泊松比。

2. 频率

定义为单位时间内完成周期性变化的次数，具体到超声领域频率是指单位时间内超声波振动的次数，用 f 表示，单位为 Hz。

3. 波长

波长指在一个振动周期内，超声波在介质中传播的距离，相邻两个同相位质点之间的距离，用 λ 表示，计算式如下：

$$\lambda = \frac{c}{f} \tag{4.3}$$

4. 声压

某一瞬时声场中某一点具有的压强与该点在没有声场时具有的静压强之差称之为声压。超声波在土体介质中传播时，超声场中的声压随时间与距离的变化而变化，且声压的瞬时值可为正值也可为负值，其绝对值与声速和频率成正比，超声波在土单元体中传播的声压变化如图 4-1 所示。

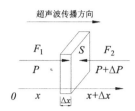

图 4-1　超声波在土单元体中传播声压变化图

图中，土层空间厚度为 Δx，横截面为 S，ρ_0 是土介质在平衡时密度，则该土体介质质量为：

$$m = \rho_0 \cdot S \cdot \Delta x \qquad (4.4)$$

当土体质点离开平衡位置向右运动时，右边的土体受压，声压变大，相反，左边则声压变小，即右边所受压力 F_2 大于左边所受压力 F_1，在 Δx 内声压增量 ΔP，所受合力为 $F_1 - F_2 = -\Delta PS$，设土体质点加速度为 a，则：

$$ma = F_2 - F_1 \qquad (4.5)$$

将式（4.5）代入式（4.4）得：

$$\rho_0 S a \Delta x = \Delta PS \Rightarrow \rho_0 a = \frac{\Delta P}{\Delta x} \qquad (4.6)$$

根据式（4.7）平面超声波土体质点位移速度 v_a 方程与式（4.8）土体质点加速度 a 方程：

$$v_a = \frac{\partial x}{\partial t} = \frac{d[A\cos(\omega t - kx)]}{dt} = -A\sin(\omega t - kx) \qquad (4.7)$$

$$a = \frac{\partial v_a}{\partial t} = \frac{d[-A\sin(\omega t - kx)]}{dt} = -A\omega^2\cos(\omega t - kx) \qquad (4.8)$$

将式（4.6）和式（4.7）代入式（4.8），且对 x 积分一次得：

$$P = A\rho_0 c\omega \sin(\omega t - kx) + \text{cost} \qquad (4.9)$$

因为超声波不存在时声压为零，故 $\text{cost} = 0$，于是有：

$$P = A\rho_0 c\omega \sin(\omega t - kx) = \rho_0 c v_a \qquad (4.10)$$

式中：$\rho_0 c$——超声阻抗率，土介质的超声阻抗率越大，声压也越大；

　　　A——位移振幅；

　　　t——波传播时间；

　　　k——波数。

由上式可见，声压的绝对值与波速成正比，也与角频率成正比，而 $\omega = 2\pi f$，所以声压的绝对值也与频率成正比，故超声波与可闻声波相比声压更大，与传统仅靠自重水囊堆载预压技术相比，超声波水囊预压技术对软土路基施加的作用力更大，在堆载预压的水囊同体积下，预压效率更高，且符合绿色环保政策要求。

5. 声强

单位时间内通过与声波传播方向垂直的单位面积上的声能平均值就是声强，也可简单地认为某点的声强等于该点的声压乘上质点的速度。声强的单位为 W/cm^2，计算式如下：

$$I = \frac{p^2}{2\rho c} \tag{4.11}$$

6. 声阻抗

介质阻挡超声波传播的特性，称为声阻抗，用 Z 表示。通常用密度和声速的乘积 ρc 表示介质的声阻抗，单位为 $kg/(m^2 \cdot s)$。表达式如下：

$$Z = \rho c \tag{4.12}$$

超声波在通过异质界面时，会产生反射、折射以及透射现象，能量的分配由声阻抗决定，因此声阻抗是一个非常重要的声学参数。

4.1.2 声波的衰减

超声波在介质中传播时，其能量随传播距离增加而减弱的现象称为衰减，主要有下面 3 种形式见表 4-2。

声波的衰减形式 表 4-2

形式	产生原因	特点
吸收衰减	超声波传播过程中的能量转换引起	遇到不均匀介质或是存在孔洞、裂纹等缺陷的时，使得声波的机械能大量地转换为其他形式的能量
散射衰减	介质非均匀性造成	介质的不均匀和表面的不平整，增加了超声波传播过程中不确定性，会分散一部分超声波的能量
扩散衰减	声束扩散引起	超声波的集中性会随着在介质中传播距离的增加而变差，进而导致同一空间内的声波能量降低

4.1.3 各向同性弹性波的波动方程

声波在固体介质中传播遵循一定的规律，将固体介质视为均匀的各向同性弹性体，根据弹性力学理论，应变与位移之间的关系称为几何方程或柯西方程：

$$e_{xx} = \frac{\partial u}{\partial x} \qquad e_{xy} = e_{yx} = \frac{\partial u}{\partial y} + \frac{\partial v}{\partial x}$$

$$e_{yy} = \frac{\partial v}{\partial y} \qquad e_{yz} = e_{zy} = \frac{\partial w}{\partial y} + \frac{\partial v}{\partial z} \qquad (4.13)$$

$$e_{zz} = \frac{\partial w}{\partial z} \qquad e_{zx} = e_{xz} = \frac{\partial u}{\partial z} + \frac{\partial w}{\partial x}$$

式中：e_{xx}、e_{yy}、e_{zz}——x、y、z 方向的正应变；

$\quad\quad$ e_{xy}、e_{yz}、e_{zx}——x、y、z 方向的切应变。

应力 σ_{ij} 与应变 e_{ij} 之间的关系，也称本构方程：

$$\sigma_{xx} = \lambda\theta + 2\mu e_{xx} \qquad \sigma_{xy} = \mu e_{xy}$$

$$\sigma_{yy} = \lambda\theta + 2\mu e_{yy} \qquad \sigma_{yz} = \mu e_{yz} \qquad (4.14)$$

$$\sigma_{zz} = \lambda\theta + 2\mu e_{zz} \qquad \sigma_{zx} = \mu e_{zx}$$

式中：σ_{xx}、σ_{yy}、σ_{zz}——x、y、z 方向的正应变；

$\quad\quad$ σ_{xy}、σ_{yz}、σ_{zx}——x、y、z 方向的切应变；

$\quad\quad$ λ、μ——拉梅弹性系数；

$\quad\quad$ θ——体应变。

根据牛顿第二定律得到用应力表示的运动微分方程，又称为纳维尔方程：

$$\frac{\partial \sigma_{xx}}{\partial x} + \frac{\partial \sigma_{yx}}{\partial y} + \frac{\partial \sigma_{zx}}{\partial z} + \rho F_x = \rho\frac{\partial^2 u}{\partial t^2}$$

$$\frac{\partial \sigma_{xy}}{\partial x} + \frac{\partial \sigma_{yy}}{\partial y} + \frac{\partial \sigma_{zy}}{\partial z} + \rho F_y = \rho\frac{\partial^2 v}{\partial t^2} \qquad (4.15)$$

$$\frac{\partial \sigma_{xz}}{\partial x} + \frac{\partial \sigma_{yz}}{\partial y} + \frac{\partial \sigma_{zz}}{\partial z} + \rho F_z = \rho\frac{\partial^2 w}{\partial t^2}$$

式中：F_x、F_y、F_z——x、y、z 方向的体力；

$\quad\quad$ t——时间分量；

$\quad\quad$ ρ——材料密度。

将式（4.14）中未知函数统一用位移来表示，将式（4.12）和式（4.13）代入运动方程，可以得到各向同性弹性波的波动方程：

$$(\lambda+\mu)\frac{\partial\theta}{\partial x}+\mu\nabla^2u+\rho F_x=\rho\frac{\partial^2u}{\partial t^2}$$

$$(\lambda+\mu)\frac{\partial\theta}{\partial y}+\mu\nabla^2v+\rho F_y=\rho\frac{\partial^2v}{\partial t^2} \qquad (4.16)$$

$$(\lambda+\mu)\frac{\partial\theta}{\partial z}+\mu\nabla^2w+\rho F_z=\rho\frac{\partial^2w}{\partial t^2}$$

在不考虑体力项的情况下,将波动方程用矢量来表示为:

$$(\lambda+\mu)\mathrm{grad}\theta+\mu\nabla^2u=\rho\frac{\partial^2u}{\partial t^2}$$

$$\nabla^2u=\nabla(\nabla u)-\nabla\times\nabla\times u \qquad (4.17)$$

$$(\lambda+2\mu)\nabla(\nabla u)-\mu\nabla\times\nabla\times u=\rho\frac{\partial^2u}{\partial t^2}$$

上式左端第一项表示超声波在各向同性固体介质中传播的纵波,为有散无旋场;左端第二项表示超声波在各向同性固体介质中传播的横波,为有旋无散场。从上面的分析可以看出,超声波通过介质的性质和种类不同,弹性模量、泊松比和密度不同,因此超声波在介质中的传播速度也不相同。

通过对超声波原理的探究,详细地介绍了声波按频率、按波的相对传播方向以及按波阵面形状分类,并对超声场的基本特征参量(波速、频率、波长、声压、声强以及声阻抗)进行了详尽的说明。此外,阐明了声波三种不同的衰减形式。分析了各向同性弹性体的几何方程、本构方程以及纳维尔方程,推出了固体中声波传播各向同性弹性波的波动方程,为下文探究超声波水囊预压软土路基技术提供了理论基础。

4.2 方案设计与材料选择

超声波水囊预压试验系统主要由密封橡胶水囊、超声波发生器、超声波换能器、进出水阀门、沉降观测板、太阳能配电箱 6 部分组成。水囊的主要材料有 PVC、PP、PET 等,具体选择哪种材料取决于工程设计要求、环境条件和成本等方面的因素。根据工程路基堆载荷载设计要求,结合特质柔性水囊加载后受力形态,一般将密封水囊尺寸设计为长 20m、高 1.5m、宽 10m 的椭圆形结构,具体尺寸可根据工程现场实际情况调整。

该工程水囊囊体采用 PVC 材料，并采用橡胶＋骨架材料（帘子布）经过插胶、硫化等工序加工成型。囊体橡胶采用新型天然橡胶和丁苯橡胶，抗拉强度大于 18MPa，同时具有极好的抗老化、抗紫外线效果。骨架材料采用 EE150 型帘子布，经向破断力强度不小于 175N/mm，纬向破断力强度不小于 60N/mm。囊体材料经过多次试验，纬向抗拉强度不小于 70N/mm，经向强度不小于 185N/mm；囊体材料外部搭接 5cm 用于进出水阀门、排气阀的连接，接头抗拉强度等同母材。此外，PVC 材料的水囊相对较轻，易于搬运和安装，成本较低，320 国道改建工程现场水囊预压如图 4-2 所示。

图 4-2　320国道改建工程现场水囊预压

　　考虑现场试验水囊模型尺寸和超声波换能器设置高度限制等因素，依据量纲分析法进行缩尺模型设计，拟定本试验水囊模型相似比为 1∶10，经相似计算后确定设计现场试验水囊长为 2m，宽为 1.5m，高为 1m。超声波水囊路基预压现场试验如图 4-3 所示。

图 4-3　超声波水囊路基预压现场试验

（1）工程主要材料见表4-3。

主要材料（单套超声波水囊预压材料） 表 4-3

序号	项目名称	数量	序号	项目名称	数量
1	水囊	1 套	5	超声波发生器	2 套
2	定制阀门	6 个	6	超声波换能器	2 套
3	太阳能配电箱	2 个	7	沉降观测板	4 套
4	多芯导线	6 根	8	定时控制开关	4 套

（2）工程机械主要设备见表4-4。

主要设备（单套超声波水囊预压工程设备） 表 4-4

序号	项目名称	数量	序号	项目名称	数量
1	后推式平地车	1 台	6	手扶式打夯机	1 台
2	正铲挖掘机	1 台	7	液体流量计	2 部
3	柴油抽水泵	1 台	8	钢瓦尺	2 把
4	电子水准仪	1 部	9	电子围栏系统	4 套
5	抽水水带	2 根			

试验采用的超声波换能器是一种能量转换器件，可以将输入的电信号通过压电效应转换成超声波再传递出去，而它自身却只消耗很小的功率，试验采用超声波换能器如图4-4所示。

图 4-4 超声波换能器

由太阳能配电箱、多芯导线、水囊、超声波发生器、超声波换能器、沉降观测板等6

部分组成，主要利用超声波换能器振动产生超声波，超声波通过水囊中的水介质传入基底土体颗粒中，土体颗粒表面之间的强结合水，在声压达到负压区时，声波产生强大的拉应力作用使土颗粒表层的强结合水"逃逸"与剥离土颗粒，使其与土颗粒之间的附着力减小，产生密实沉降；且声波在负压区的土颗粒表面水膜产生无数个微小空化泡，当声压到达正压区时，这些空化泡爆破产生无数超高速微射流，对基底土层颗粒产生强烈冲击。由于声波还具有周期性，因此上述两个过程反复循环，使基底土层在超声波振动与空化作用下振动密实沉降。

超声波换能器通过振动产生超声波，把水囊中的静态水转化为低频振动的动水，在周期动荷载的交替作用下对路基施加压力，该装置结构示意图如图4-5所示；此外，水囊中的静态水可等效为路面结构层的均匀静荷载，超声波激振力可等效为车辆动荷载，两者结合对路基施加压力，达到了对营运期公路软土路基的事后防控的目的，超声波水囊预压等效荷载如图4-6所示。

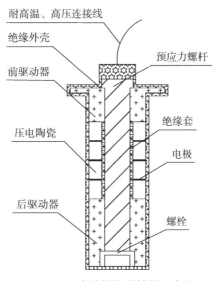

图 4-5 超声波换能器结构示意图

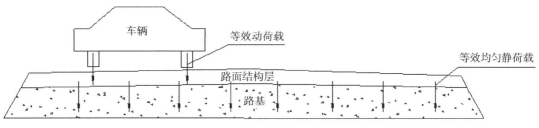

图 4-6 超声波水囊预压等效荷载示意图

在上述超声波的作用下，沉降量及沉降速率大大提高，并且水囊中的密封水，不受风吹日晒雨淋的天气环境影响，预压重量稳定，数据准确。

4.3 施工操作要点

1）施工准备

（1）超声波水囊预压施工前应进行准备工作，报验路基顶（−30cm）验收合格后再申请超声波水囊预压施工，禁止非施工作业人员进入超声波水囊预压区域，施工人员必须佩戴安全帽；作业平台四周设置临边防护栏杆。为确保整个超声波水囊预压施工过程安全、防止水囊爆裂，施工前，还应清理路基表面尖锐碎石等杂物。

（2）进行场地找平，使场地基本平整，如纵横坡过大则应采取相应的支撑措施来避免水囊侧向滑动，确保预压荷载均匀分布。

（3）根据水囊规格长20m、宽10m、高1.5m，以预压重量标准的60%、80%、100%逐级分区、分块、分排加载设计预压荷载重量，并计算预压荷载。

（4）测量放样定位水囊的预压位置，水囊规格长20m（沿横断面方向）、宽10m、高1.5m（最大加载高度）。路基横向两侧开挖30cm×20cm排水明沟，确保超声波水囊预压期间雨水排水通畅，不浸泡路基。

（5）在水囊预置位置，铺设土工布，防水土工布应在路基表面平整、清洁、无积水情况下进行满铺，土工布的搭接长度不能小于30cm，防水土工布边线应大于预压路基边线1m。土工布能够进一步保证水囊不被没有清理干净的尖锐物刺破。

（6）基于测量放样结果，在距水囊边缘5～10cm处埋设沉降观测板。机械开挖使埋设基底至路基以下−1.5m处，再接出沉降观测板，随后用小型机具进行回填夯实开挖面，其接出部分应高出地表面0.5m，最后用套管套住沉降观测板接出部分，防止观测管被人员或机械设备误碰损坏。施工过程中，还应加强保护好沉降板，必须始终遵循先加载后接管、先卸管后卸载的原则，沉降观测板埋设示意图如图4-7所示。

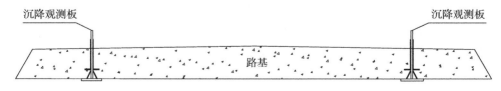

图4-7 埋设沉降观测板示意图

（7）沉降观测点都是以整桩号坐标布置，且满足 5 的倍数，所以比选水囊时要注意宽度，选用 5m、10m 两种规格进行搭配。铺设时计算好相邻两个沉降观测点的距离，合理地选用不同尺寸的水囊，这样就能保证沉降监测点位在两个水囊间隙之中，方便监测采集数据，同时每排水囊之间应设置 30～50cm 的通道，方便后期的维修和应急工作。水囊铺设如图 4-8 所示。

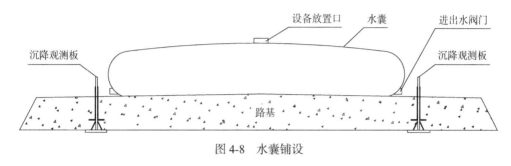

图 4-8　水囊铺设

（8）单个水囊的重量约 0.5t，首先使用装载机吊运至铺设区域中央，根据设计施工图的软土路基预压技术要求，确保需预压的路基范围水囊全覆盖；单个水囊定位完成后，再通过鼓风机充盈水囊，最后调整好位置排出空气。

（9）由于使用设备数量多，其电源可优先采用太阳能光伏发电，将太阳能配电箱引到施工场地附近，使用太阳能清洁能源供给电力，进一步节约成本开支，实现绿色环保施工。用电过程中，需特别注意施工过程中必须设置防漏电开关，以确保施工安全。

2）注水加载

（1）每个水囊容积 300m³，规格为长 20m、宽 10m、高 1.5m。根据预压高度的土方荷载换算，每个水囊的荷载为 15.3kN/m²。水囊加载通过施工现场踏勘，就近利用当地丰富的地表水资源，部分路段水源较远的，可采取接管等方法，将水源引到预压路段附近。在充水前检查水质，注意泥砂含量，泥砂较多应设沉淀池，待水质变清后方可往水囊充水，避免后期由于泥砂水在水囊内沉淀导致水囊内部清理困难。注水时相邻两个水囊要做到对称均匀加水，分段施工时宜先注水中间的水囊，对称均匀向两边扩散，这样能够有效地防止水囊平行位移。注水加载过程中一个水囊应分多次加水达到设计值。注水加载示意如图 4-9 所示。

（2）路基预压应按荷载标准的 60%、80%、100% 逐级进行分区、分块、分排加载。水囊抽注水的荷载重量应按液体流量器的计数值 × 1t/m³ 计算确认。注水量应控制在预压重量 100%～105%。

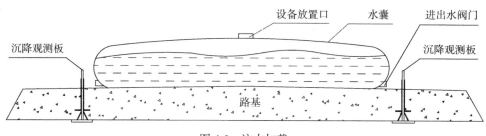

图 4-9　注水加载

3）布设超声波发生器与超声波换能器

（1）布设的每个超声波激振设备功率规格为 300W，超声波频率为 44kHz。超声波换能器要牢固安装在水囊上部设备放置口处。由于激振时使用设备数量众多，其电源可优先采用太阳能光伏发电，实现了绿色环保施工。如距离过远或受环境条件限制也可综合考虑采取施工用电，特别注意施工过程中设置防漏电开关。非工作状态下超声波水囊预压示意如图 4-10 所示。

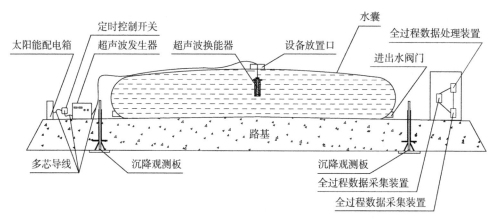

图 4-10　非工作状态下超声波水囊预压示意图

（2）超声波激振设备使用周期较长，为了减少阳光对超声波激振设备的损坏，在上部覆盖遮阳网；同时为了防止超声波激振设备受外部因素影响导致损坏，设置一套电子围栏系统，一旦检测到有无关人员进入，及时报警。

（3）超声波设备激振时，应先开启太阳能配电箱电闸，接通电源，再调整开启定时控制开关，定格时间设置为每工作 30min，间隔 15min，以防止超声波发生器与超声波换能器因工作时间过长而导致发热或故障等问题。统一启动超声波发生器，施工人员应逐排巡查超声波发生器工作状况，确保每个超声波发生器频率达到 44kHz，发现异常情况应及时正确处置。

4）沉降观测

在超声波水囊预压处于工作状态时，通过电子水准仪，在超声波水囊预压加载前 30 天内，每 1 天观测 1 次；在超声波水囊预压加载 1 个月至 3 个月期间；每 3 天观测 1 次；在超声波水囊预压加载 3 个月至 6 个月期间，每 15 天观测 1 次；在超声波水囊预压加载完成后的前 15 天内必须每 3 天观测 1 次，而后每 15 天观 1 次直至卸载。预压卸载沉降速率采用双标准进行控制，即工后沉降量小于设计允许值，同时要求达到沉降速率标准，桥头路段连续两个月的月沉降速率小于 3mm，一般路段小于 5mm 要求进行控制。沉降量、沉降速率超过规定标准时要停止施工。当加载至规定高度时，要加强观测，严格控制加载速率，一般加载期间的沉降速率需控制在 8mm/天以内，以免由于加载过快造成路基破坏。沉降观测采用电子水准仪，预压期间应对路基沉降变形进行连续监测。工作状态下超声波水囊预压示意如图 4-11 所示。

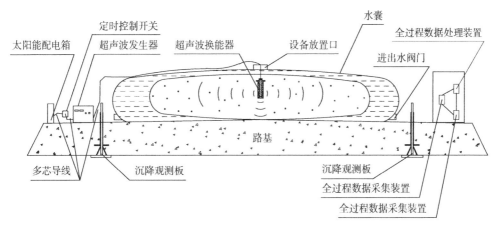

图 4-11　工作状态下超声波水囊预压示意图

5）全过程数据采集装置

通过内含芯片的数据处理装置，自动实时采集电子水准仪的高程及沉降量。

6）全过程数据处理装置

利用预先设好的计算公式 $H = H_1 - H_2$，通过计算公式 $v = H/t$ 得到沉降速率。其中，H 为沉降量；H_1 为上次高程；H_2 为本次高程；v 为沉降速率；t 为时间。计算得到的信息以图像的形式显示在信息显示屏中。

7）全过程数据储存装置

设置全过程数据储存装置，主要储存数据采集装置得到的原始数据，以及数据处理装置处理得到的沉降量与沉降速率等。

8）超声波预压卸载

待路基沉降稳定，工后沉降量小于设计容许值，同时达到沉降速率标准，即桥头路段连续 2 个月的月沉降速率小于 3mm、一般路段小于 5mm 控制要求后可提出卸载申请，并报监理批准后方可卸载。卸载时可从排水阀一侧接水管自然排出至沟渠或路堤边沟，也可从进水阀一侧排出，严禁不接水管直排损毁路基边坡。预压卸载施工采取分阶段卸载，水囊横断面方向预留有出水口，在出水口位置路基上铺设防水彩条布，软水管接入出水口至路基边沟或当地大型沟渠自然流放，一个水囊分两次卸载完毕。

9）路基验收

按照规范及设计要求进行路基的验收。

4.4　超声波功率与预压重量的匹配关系

超声波激振是一种利用高频声波产生机械振动的技术。在水囊预压过程中，超声波设备通过产生高频的声波波动，将这些声波传导到水中。声波产生的压力波会在水内产生机械振动，使水分子发生微小的位移和变形，从而达到激振的效果。在设计中，选择适当的超声波功率也是关键因素之一，以确保水囊内的水得到有效的激振。经试验结果分析可知，超声波功率与不同预压重量匹配关系按照以下公式进行试验时，对软土路基激振效果最好。

$$P = k \times M \tag{4.18}$$

式中：P——超声波功率；

M——水囊质量；

其中 k 为 1。

水囊的体积 $V = 20\text{m} \times 10\text{m} \times 1.5\text{m} = 300\text{m}^3$，水的质量 $M = V \times \rho = 300\text{m}^3 \times 1000\text{kg/m}^3 = 300\text{t}$。根据预压的百分比（60%、80%、100%）计算不同加载阶段的水囊质量 M 和超声波功率 P 规格：

对于 60% 预压阶段时（$M \times 60\%$），$P_1 = 300\text{W} \times 60\% = 180\text{W}$，水囊内的水量相对较少，因此需要较低功率的超声波设备来激振水囊，这可以减少能耗和潜在的超声波对水囊的影响。

对于 80% 预压阶段（$M \times 80\%$），$P_2 = 300\text{W} \times 80\% = 240\text{W}$，随着水量的增加，水囊

内的水分子之间的相互作用和阻尼效应也会增加，这意味着更多的声波能量将被吸收。为确保充分的振动效果，需要更高功率的超声波设备来弥补这种能量损失。超声波设备的功率应适当提高，以保持足够的声压波和机械振动强度，以确保水囊充分贴合地面。

对于 100% 预压阶段（$M \times 100\%$），$P_2 = 300\text{W} \times 100\% = 300\text{W}$，这是预压的最终阶段，水量最多，振动需求最高。由于水囊内的水量饱和，因此需要更高功率的超声波设备来产生足够的声波振动，确保水囊充分贴合地面，并排除任何可能存在的空气或气泡。超声波设备的功率应达到最大值，以确保水囊在最终阶段得到充分的激振。

综上所述，超声波激振通过将高频声波能量传递到水中，利用声波的机械振动作用于水囊内的水分子，从而实现了水囊的有效振动和贴合。超声波功率与预压重量的匹配关系需要综合考虑水囊的尺寸、质量和振动需求，以确保在不同预压阶段获得最佳振动效果。

4.5　预压现场试验流程

超声波水囊预压试验系统现场试验流程如图 4-12 所示。

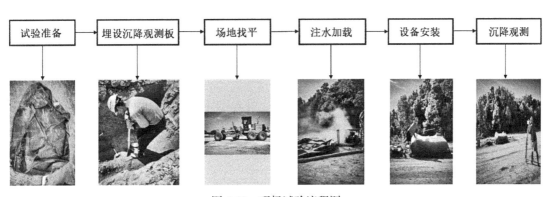

图 4-12　现场试验流程图

（1）试验准备。超声波水囊预压试验前应在试验场地四周设置临边防护栏杆，禁止非试验人员进入超声波水囊预压区域，试验过程必须佩戴安全帽。

（2）埋设沉降观测板。测量放样定位水囊的预压位置，将沉降观测板布设在距离水囊边缘 5~10cm 处，左右各布设一个点位，即用机械开挖至路基以下 −1.5m 处埋设沉降观测板，再接出地表面约 0.5m 高度，用以监测沉降幅度。沉降观测板接出后，回填开挖面，最后用小型机具进行夯实处理。

（3）试验场地找平。试验采用超声波水囊激振进行路基预压，主要安全风险源是水囊意外破裂，水囊破裂后，在高速水压的冲击下，容易造成人员伤亡，且不受控制的水流会对路床及周边环境造成一定的影响。因此，在水囊铺设前应清理路基表面尖碎石等杂物，除此之外，还应通过平地机调整路基横坡向，进行场地找平，避免水囊侧向滑动。

（4）注水加载。注水加载过程中，就近利用附近地表水资源，加载时要做到两组水囊均匀加注，这样能够有效地防止水囊平行滑移。水囊抽注水的荷载重量应按流量计的数值计算确认，注水量应控制在计划预压重量 95%～100%。

（5）超声波发生器与超声波换能器的设置。超声波换能器要牢固安装在水囊上表面设备放置开口处。本次试验采用超声波激振设备功率规格为 300W。由于超声波激振设备试验使用周期长，应先将定格时间调整为每工作 30min，间隔停止工作 15min，以防止超声波发生器与超声波换能器因长时间工作而导致发热或故障等问题。启动超声波发生器，还应确认超声波发生器工作状况，保证超声波发生器频率达到 44kHz，方可开始进行试验。

（6）沉降观测。在整个现场试验预压期间应对路基沉降变形情况进行连续监测，通过电子水准仪精密仪器，每隔 12h 监测一次沉降情况，连续监测直至沉降不再发生，方可进行抽水卸载。

为了便于从理论上计算水囊受力情况，现作如下假设：水囊充水后内部无气压，水囊受力全部由水压产生。取单位宽水囊单元做受力分析，如图 4-13 所示。

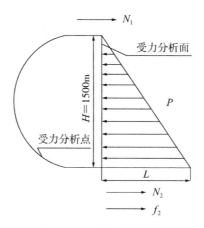

图 4-13　水囊受力分析

N_1、N_2—水囊单元拉力；P—水囊内压力；f_2—地面摩擦力；H—水囊高度；L—单元宽度

根据力矩平衡和牛顿莱布尼茨公式：

$$N_2 \cdot H = P \cdot \frac{2}{3} H, \quad P = \frac{1}{2} \rho g L H^2 \qquad (4.19)$$

得到：
$$P = \frac{1}{2}\rho g L H^2 = \frac{1}{2} \times 1 \times 10^3 \times 10 \times 1.5^2 \times 1 = 11.25 \text{N/mm} \quad (4.20)$$

$$N_2 = \frac{2}{3} \times 11.25 = 7.5 \text{N/mm} \quad (4.21)$$

式中：N_1、N_2——水囊单元拉力；

$\qquad P$——水囊内压力；

$\qquad f_2$——地面摩擦力；

$\qquad H$——水囊高度；

$\qquad L$——单元宽度；

$\qquad \rho$——水的密度。

由式（4.20）和式（4.21）得出单位宽度水囊囊身理论最大拉力为 7.5N/mm，考虑到理论计算偏差及水囊结构安全性，根据参数要求取 10 倍安全系数，即单位宽度水囊囊身材料环向抗拉强度不小于 75N/mm，而现场水囊所用材料径向破断力强度不小于 120N/mm，远高于囊体受力要求，具有极强的安全性。

4.6 水载预压监测及分析

4.6.1 监测目的及测点布设

水载预压期间，应对路基沉降变形进行连续监测，及时掌握路基稳定性，确保施工安全性。根据检测结果分析地基最终沉降量完成时间，评估工后沉降是否满足设计要求，确定是否卸载进入下一道工序。

沉降数据通过区间路段内的沉降观测点埋设的沉降观测板读取，对软基进行水载预压前沿道路布置沉降观测点，纵向三排，桥梁两侧分别布置两个断面，第一个断面离桥梁起终点桩号约 5m，第二个断面离桥梁起终点桩号约 25m，一般路段每间隔 100m 布置一个断面；桥梁两侧分别布置沉降板和边桩观测点，一般路段只设置沉降板。沉降观测板的埋设主要有以下几个步骤：① 施工两层土后，即可开始埋设沉降标；② 开挖压实土层至原地面，或至砂垫层层顶，或至湿喷桩桩顶；③ 铺设 0.05m 厚砂垫层，如已有砂垫层可不再铺设；④ 沉降板底座就位、整平；⑤ 回填细颗粒土，夯实至管顶以下 0.02m；⑥ 建立管顶高程的初读数。

4.6.2　监测数据及分析

沉降观测板所得数据需要定期测量并记录其相对于参考点的高度差变化，利用一个稳定的地面点或一个在建筑物基础上的固定测点，使用水准仪或其他测量设备对区间内的沉降观测点的沉降数据进行监测，记录预压过程中沉降数据及达到工程要求后卸载后的沉降数据。预压期间，第一个月 3 天观测 1 次，第二个月至第三个月每 7 天观测 1 次，从第四个月起每 15 天观 1 次，直到铺筑路面。通车期，沉降观测以及取少量的典型断面（2 个）进行跟踪观测，每 1～2 个月 1 次。侧向位移观测其频率与沉降观测相同。沉降标准采用双标准控制，即要求推算的工后沉降量小于设计允许值，同时要求达到以下沉降速率标准时，对桥头路段要求连续 2 个月的月沉降速率小于 3mm、一般路段小于 5mm 进行控制；浇筑沥青下面层时需满足：路堤施工至基层顶面后，连续 2 个月的实测沉降速率小于 3mm/月。

根据该区间 84 个沉降监测点中最大沉降点和最小沉降点整理出的监测数据结果，计算出各监测断面或监测桩的累计沉降量、沉降速率等，进一步绘制出时间—沉降关系曲线图，如图 4-14、图 4-15 所示。

根据图 4-15 可知，该区间段监测过程中最大沉降点的最大沉降量为 90.39mm，最终沉降量为 88.13mm；最小沉降点的最大沉降量为 22.31mm，最终沉降量为 19.45mm。区间内 84 个沉降点监测得到累计沉降量及沉降速率皆满足设计要求，同时对卸载后的土体进行监测，结果表明软土路基在卸载后也处于稳定的状态，始终满足软土路基的预压设计值。通过水载预压对软土地基进行加固处理的方式能够满足实际工程需求。

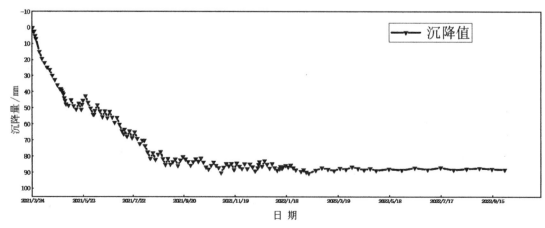

图 4-14　最大沉降点时间—沉降关系曲线图

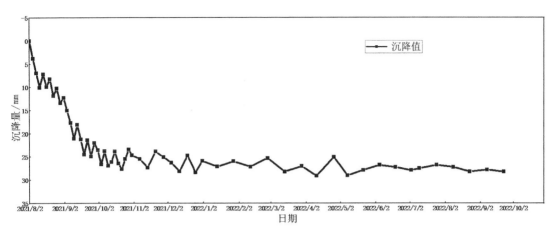

图 4-15　最小沉降点时间—沉降关系曲线图

4.6.3　水载预压及素土堆载预压对比分析

根据本书 2.5 节设置的现场对比试验，对该区间的三个观测点进行监测，计算出各监测断面或监测桩的累计沉降量、沉降速率等，进一步绘制出时间—沉降关系曲线图，如图 4-16 所示。

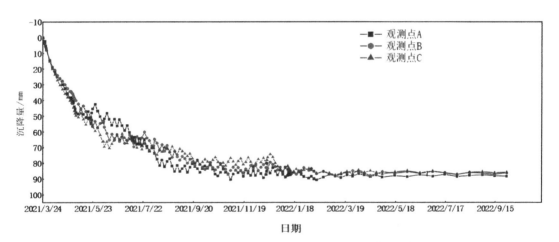

图 4-16　水囊堆载和素土堆载对比区间时间—沉降关系曲线图

根据图 4-16 可知，该区间段监测过程中水囊水载预压区域下观测点 A 的最终沉降量达到 87.75mm，素土堆载预压区域下观测点 C 的最终沉降量达到 85.46mm，两者交接位置布置的观测点 B 最终沉降量达到 85.92mm。结果表明在控制水囊与素土重量相同的情况下，由于水囊能够抵挡一部分由于降水等天气因素导致的土体含水率增加的情况，水载预压能达到更好的地基处理效果。

4.7 超声波水囊预压引起地表沉降变形特征分析

自 2022 年 7 月 15 日起，每 12h 对试验预压路基表面沉降变形特征进行连续监测，累计监测时间为 636h，其现场试验的软土路基超声波激振历时累计沉降变形差异对比图如图 4-17 所示。由图 4-17 可知，静置组预压地面平均累计沉降量为 −1.175mm，最大累计沉降量为 −2.695mm，累计沉降变形曲线呈现出先增大后趋于缓慢的特征趋势。而激振组累计沉降变形曲线也呈现出先增大后趋于缓慢的特征趋势，其地面平均累计沉降量 −1.718mm 为静置组平均累计沉降量的 1.46 倍，最大累计沉降量为 −2.995mm 相比静置组最大累计沉降量增幅为 11.13%。

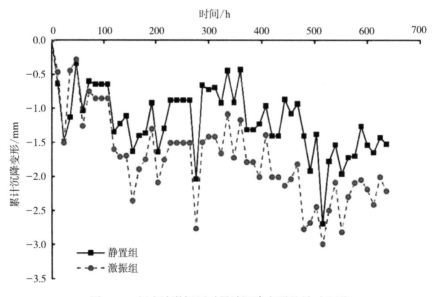

图 4-17　超声波激振历时累计沉降变形差异对比图

通过分析实测数据，可得出现场试验的超声波激振历时沉降变形速率差异对比图，如图 4-18 所示。对比图 4-17 可以发现，在整个预压期间，随着沉降变形速率的增大，累计沉降变形量发展趋势也随之增大；且随着静止组与激振组沉降变形速率趋势差值增大，其两组对照试验的累计沉降变形量差值也随之增加，二者呈显著相关性。从图 4-18 还可看出，激振组平均沉降速率为静止组的 1.37 倍，沉降变形速率幅度相比于静止组稍大。结合于国卿等对于超声波激振对各类材料影响规律的研究，分析认为：软土路基内部土颗粒由于超声波的激振作用循环往复地被振动压密，而土颗粒空隙之间的空气与水分由于超声波施加到土层内部的振动荷载而被挤压排除，从达到土体挤密压实的作用，相比于只用水

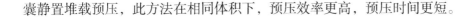

囊静置堆载预压，此方法在相同体积下，预压效率更高，预压时间更短。

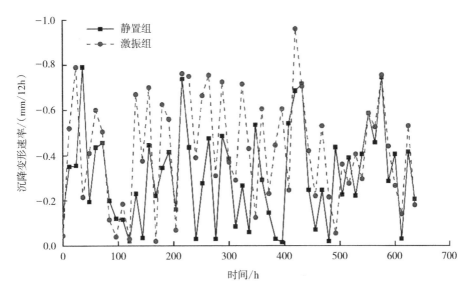

图 4-18　超声波激振历时沉降变形速率差异对比图

选取监测断面为 K1＋650 断面路基，监测点分别布置在路基中心及两侧，分别为测点 L1、L2、L3，最早观测时间为 2021 年 4 月 24 日，最晚观测时间为 2022 年 9 月 27日。累计监测 522 天。统计整理软基预压期间现场监测数据，分析可知：软土路基在超声波水囊预压作用下发生明显沉降变形，前期加载时土方沉降速率较大，随着时间推移沉降变形放缓且趋于稳定，预压期间内软基在水囊静载自重力与超声波激励作用下完成了大部分固结沉降，效果明显。在超声波水囊预压期间沉降量最大值为 43.61mm，最小为37.56mm，监测断面中心与两侧沉降量分布一致，且三者沉降速率差异较小。图 4-19 为K1＋650 断面路基沉降变化时程曲线，图 4-20 为 K1＋650 断面路基沉降速率变化时程曲线图。

依据 320 国道桐乡凤鸣至大麻段改建工程的实际地质情况和工程特点，对软土地基进行水载预压加固处理，对该施工方法的全过程进行介绍，并通过对加载预压全过程的沉降量和卸载之后的沉降量进行全过程的监测，进行了综合分析。

（1）软土路基水载预压加固施工方法绿色环保，无需修筑围堰、加载和卸载较快，堆载材料可回收利用。我国沿海地区广泛分布着深厚的软土地基，该方法可运用于所有软土路基的预压工程。通过将普通河水或湖水作为预压材料，改善了传统预压工程采用石子、砂、泥作为预压材料而造成的尘土飞扬、污染空气、雨天泥水横流等污染环境的现象。同时不需要传统土石方预压方式下大型机械的作业，节省能源。实现了"绿色低碳"工程，响应国家"节能减排，建设低碳社会"的要求。

（2）软土路基水载预压加固施工方法操作便利、施压精准，水囊按预压路基的面积排列整齐，平放在预压表面，用水泵就近把河水或湖水抽注入袋，密封后把水囊固定进行对软土地基的施压。预压结束后，把水囊内的水就近排入河道，预压工作操作简单方便，预压效果良好。且可根据设计值以预压重量标准的 60%、80%、100% 逐级分区、分块、分排加载，并根据设计预压荷载重量计算水载预压荷载。更合理地对全线不同地质条件的软土地基加固处理进行精准规划，合理预压。

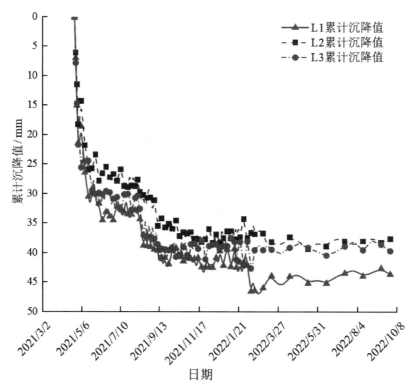

图 4-19　K1＋650 断面路基沉降变化时程曲线图

（3）软土路基水载预压加固施工方法极大提高经济效益及社会效益，水载预压可直接利用沿海地区丰富的水资源，通过就近取水的方式减少了原加载和卸载过程中对土体的远距离运输和大型机械的使用，施工中仅仅用到水泵、空气压缩机等小型设备。保护生态平衡同时节约工程造价和建筑用材成本。加载及卸载过程相较传统土载预压节约大量时间，缩短工期。同时，本工程采取水载预压软土路基的方式相较传统土载预压节约工程造价约 30%，节省了工程投资。

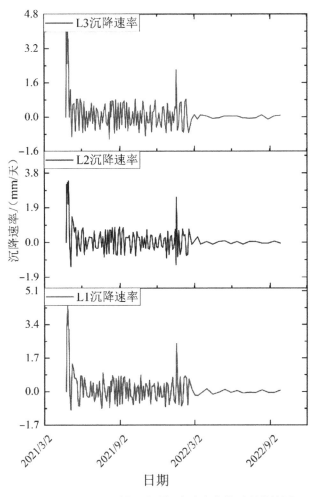

图 4-20　K1＋650 断面路基沉降速率变化时程曲线图

4.8　超声波水囊预压软土路基影响因素

超声波水囊激振预压软土路基的加固效果受到多种因素的影响，其包括以下几点：

（1）超声波水囊的参数：水囊的大小、形状、材料、内部压力等，这些参数会影响水囊的振动特性和与软土的相互作用，从而影响软土路基的加固效果。

（2）超声波的频率和振幅：超声波的频率和振幅直接影响软土内部颗粒的位移和相互碰撞，从而影响软土的力学性能和加固效果。

（3）水囊激振的位置和方式：水囊激振的位置和方式会影响超声波的传播路径和作用范围，从而影响软土路基的加固效果。

（4）软土的物理性质：含水量、密度、含砂量、黏性等，这些因素会影响软土的压缩性能和抗剪性能，从而影响软土路基的加固效果。

（5）水囊激振的时间和强度：水囊激振的时间和强度会影响软土的变形和力学性能的改善程度，从而影响软土路基的加固效果。

4.9 超声波功率与土体穿透深度的关系

4.9.1 超声波传播基础

超声波在介质中的传播可以简化为波动方程，其强度随着距离的增加而衰减。超声波在土体中的衰减主要由吸收损失和散射损失两部分组成，其最主要取决于吸收损失。吸收损失主要由介质（此处为软土）的黏弹性特性引起，可以用指数衰减模型 I 来描述，即

$$I = I_0 e^{-\alpha x} \qquad (4.22)$$

式中：I——距离源点 x 处的强度；

$\qquad I_0$——初始强度；

$\qquad \alpha$——吸收系数，与软土特性、超声波功率和频率有关。

4.9.2 超声波功率与土体穿透深度

超声波激振设备的功率规格和频率是关键参数。功率决定了超声波源的总能量输出，而频率则影响波在介质中的传播特性。一般来说，低频波比高频波在介质中传播得更远。

超声波的穿透深度可通过考虑功率和频率对衰减系数的影响来估算，即

$$d = \frac{1}{\alpha} \ln\left(\frac{I_0}{I}\right) \qquad (4.23)$$

式中：d——穿透深度。

5　低频超声波水囊堆载预压加固室内试验

5.1　室内试验设备

该试验设计了一套全过程超声波水囊激振预压软土可视化透明装置，如图5-1所示，装置由可视化高分子亚克力模型箱、PVC水囊、超声波发生器、超声波换能器、KTR位移传感器、动静态应力应变仪、智能定时开关、低摩擦系数沉降观测砂、全过程数据采集处理储存系统等。

图5-1　超声波水囊激振预压软土装置

可视化高分子亚克力模型箱采用30mm厚高分子亚克力板制作尺寸为2000mm×1000mm×1200mm的主体骨架，如图5-2所示。其中长向2000mm是为了降低土体两侧边界效应的影响。对于亚克力板边缘的固定，采用角钢与箱内壁的焊接螺钉进行锚固夹紧；对于亚克力板边缘防水，采用涂硅胶密封。试验箱密封承压力不小于 0.3MPa，承压后局部挠曲变形小于 1mm。

图 5-2　可视化高分子亚克力模型箱

低摩擦系数沉降观测砂如图 5-3 所示，分别在距离土样表面 100mm、300mm、500mm 处，铺设一层低摩擦系数沉降观测砂，用于宏观检测软土沉降幅度与效果，如图 5-4 所示。

图 5-3　低摩擦系数沉降观测砂

图 5-4　观测砂填入过程

PVC 水囊采用新型天然橡胶和丁苯橡胶，抗拉强度大于 18MPa，制作尺寸为 1400mm×700mm×500mm 的预压装置，PVC 水囊安置于土体表面中心点。超声波发生器等装置，如图 5-5 所示，具体安装细节与上文一致，在此不再赘述。

图 5-5　超声波换能器

在水囊四周，土体表面分别布设有一个 KTR 全桥位移传感器，共 6 个，如 图 5-6、图 5-7 所示。

超声波水囊预压时，土体位移采 KTR 全桥位移传感器进行监测，位移传感器如图 5-8

所示，在外力作用下所产生的直线位移或与直线位移有关的非电量转换成电量的位移传感器，与静态应变仪搭配使用。位移传感器安装细节如图 5-9 所示。

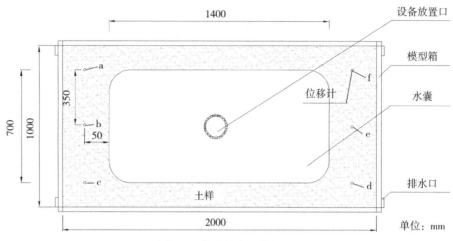

图 5-6 位移计布置俯视图

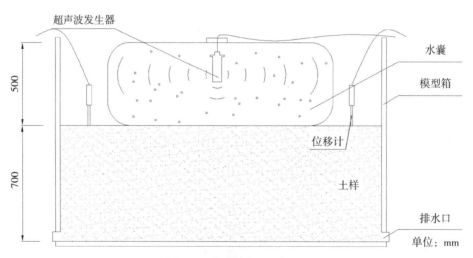

图 5-7 位移计布置正视图

图 5-8 DMWY全桥埋入式位移传感器

图 5-9 位移传感器定位图

超声波换能器安置于试验箱外侧的仪器凳上，通过导线与超声波发生器连接，设置相关参数如图 5-10 所示。并通过智能定时开关，对超声波换能器、超声波发生器进行定时工作控制效果。其中，智能定时开关设置为每激振 60min，停止工作 15min 的方式，进行均匀激振，共连续激振 20 天。

图 5-10 超声波换能器

动静态应力应变仪安置于试验箱外侧的仪器桌上，通过导线与 6 个位移传感器连接，连接方式如图 5-11 所示，位移传感器分别为 1～6 号。具体地，位移传感器安装位置如

图 5-11 所示，其中 1 号位于 a 处、2 号位于 b 处、3 号位于 c 处、4 号位于 d 处、5 号位于 e 处、6 号位于 f 处。

图 5-11 动静态应力应变仪与位移传感器

全过程数据采集处理储存系统位于模型箱外侧，安置于仪器桌上，通过数据传输线，与动静态应力应变仪连接。使用 YE7600 数据采集软件，设置采集频率、采集点数等相关参数，如图 5-12 所示。其中，采样频率为 100Hz，连续采集 24h，持续 20 天，采集所得数据自动保存至储存系统。

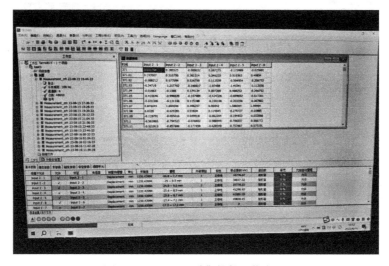

图 5-12 YE7600 采集软件工作窗口

5.2 试验土样

本试验中，试验土样取自320国道桐乡凤鸣至大麻段改建工程，如 图 5-13 所示。根据《土工试验方法标准》GB/T 50123—2019对试验用土进行室内土工试验，测定其物理力学性质，如表 5-1 所示。填土过程中，科研人员模拟软土日常工作时的自然压实。

图 5-13 试验土样

试验土样相关参数 表 5-1

天然含水率 $W/\%$	湿度 $\rho/(\mathrm{g/cm^3})$	孔隙比 e	塑性指数 I_p	液性指数 I_L	黏聚力 c/kPa	内摩擦角 φ	压缩系数 $a_{1\text{-}2}$	压缩模量 E_s
34.5	1.87	0.926	14.1	0.84	21.2	8.3	0.431	4.51

5.3 室内试验步骤

为确保超声波水囊激振预压软土试验在（23±2）℃的室温条件下准确、顺利进行，具体实验步骤如下：

将图 5-1 所示试验箱正面外侧清洗干净，确保观察砂层变形时视野清晰，并在模型箱正面外侧，距离模型箱内侧底部200mm、400mm、600mm 处，标记低摩擦系数沉降观测砂铺设刻度线。将试验箱内侧四周清洗干净并干燥后，均匀涂抹凡士林。

取部分土样进行物理参数测定后，将试验土样填入模型箱，填入模型箱的土样最终高度为700mm。填入过程中，每层低摩擦系数沉降观测砂在其铺设的初始时刻均与试验箱外侧上的刻度线（间隔200mm）齐平。土样填入完成后，将无水水囊安置于土样表面设定位置，并将超声波发生器安装于水囊内部。将6个量程为100mm的位移传感器分别按照设定与动静态应力应变仪连接后，安装至土样表面，距离水囊50mm处，并且与固定杆连接，使用强力胶固定。将动静态应力应变仪与全过程数据采集处理储存系统连接后，开启数据预采集。从试验箱一侧，使用水泵向水囊中缓慢注水至水囊高度达到500mm。调整超声波发生器至水囊内部中心上方，并将其与超声波换能器连接。将超声波换能器与智能定时开关连接，设定智能定时开关后，开启超声波水囊激振预压软土试验。同时，全过程数据采集处理储存系统开启正式采集，并进行实时观测数据变化。待超声波水囊激振预压软土装置工作20天后，土样沉降幅度小于0.01mm后，停止工作。对低摩擦系数沉降观测砂进行定性观察，并对所采集的试验数据进行处理及分析。

5.4 室内试验结果分析

5.4.1 宏观定性结果分析

超声波水囊激振软土装置工作20天后，通过观察对比低摩擦系数沉降观测砂，可知其沉降较为明显。其中土样由表面至底部，沉降逐渐减小。距离土样表面100mm处沉降最大，距离土样300mm处沉降较为明显，距离土样表面500mm处沉降较小，如图5-14～图5-16所示，其中黑色标记线为初始低摩擦系数沉降观测砂铺设位置。

图 5-14　距离土样表面100mm处观测砂

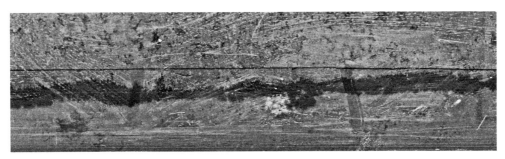

图 5-15　距离土样表面 300mm 处观测砂

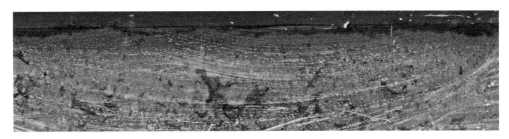

图 5-16　距离土样表面 500mm 处观测砂

5.4.2　室内试验数据结果分析

为探究本试验超声波水囊激振预压作用下的软土变形特性，分别在土样表面、水囊周围安置 6 个位移传感器，通过比较不同位置的土样沉降值的变化，反映超声波水囊激振预压作用下软土不同位置的预压效果与变形。

本试验由于采用了 YE7600 数据采集软件采集，以间隔为 2h 的沉降时间保存数据，数据库较为庞大，这里为将超声波水囊激振预压过程中土体明显沉降特征进行分析，因此采用每次检测保存的 2h 数据的平均数值作为特征分析值。

图 5-17 显示了测点 a、b、c 处超声波水囊激振预压后的土体表面沉降变化，对于测点 c，即 3 号位移传感器，经过 300h 超声波水囊激振预压后，土体表面最大沉降达到 41.03mm；对于测点 b，即 2 号位移传感器，其土体表面最大沉降量收敛于 50.68mm，是测点 c 最大沉降量的 1.24 倍，这是由于测点 c 位于超声波水囊激振预压作用面角点处，其预压效果次于靠近水囊左侧中心部位的测点 b；对于测点 a，即 1 号位移传感器，土体表面最大沉降达到 52.063mm，是测点 c 最大沉降量的 1.27 倍，由于室内试验人工填土过程中，填土方向由 c→a，导致测点 a 处土体历史固结效果受到不可避免的人工扰动，从而使其由正常固结土转变为欠固结土，孔隙率 e 增加。由于欠固结土在超声波水

109

囊激振预压作用下，其内部结构强度遭到破坏，在达到正常固结土状态时，将产生多于测点 c 处土体的压实沉降，进而导致测点 a 处土体表面的最终沉降大于测点 c 处的最终沉降。

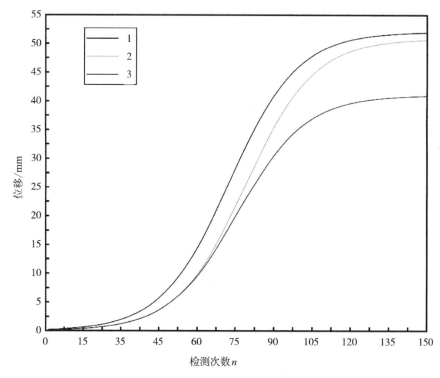

图 5-17　测点 a、b、c 处沉降曲线

图 5-18 显示了测点 d、e、f 处超声波水囊激振预压后的土体表面沉降变化。对于测点 d，即 4 号位移传感器，经过 300h 超声波水囊激振预压后，土体表面最大沉降达到 36.38mm；对于测点 f，即 6 号位移传感器，最大沉降达到 32.96mm，与测点 d 最大沉降量极为接近。由于室内试验土样来自工程天然土，其土样的局部不均匀导致了测点 d 处最大沉降量比测点 f 处增加了 3.42mm。由于测点 d、f 位于超声波水囊激振作用面交点处，所受预压作用效果略小于测点 e。对于测点 e，即 5 号位移传感器，最大沉降达到 49.53mm，是测点 d 处最大沉降量的 1.36 倍，是测点 f 处最大沉降量的 1.5 倍，由于测点 e 位于超声波水囊激振作用面横轴处，所受预压作用效果较为理想。

图 5-19 显示了测点 a、f 处，即 1 号、2 号位移传感器所在位置的土体表面沉降曲线，由于 a 处局部土体受人工扰动，沉降趋势与最大沉降显著大于 f 处测点，测点 a 处最大沉降量是测点 f 处的 1.58 倍。

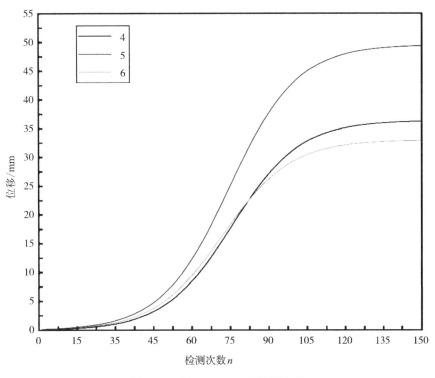

图 5-18　测点 d、e、f 处沉降曲线

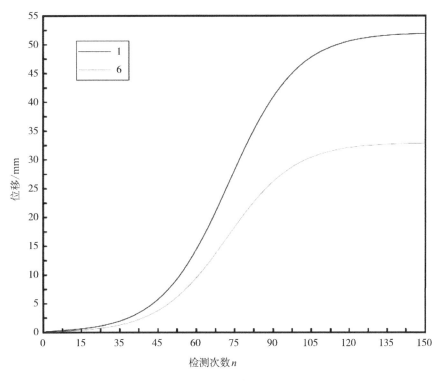

图 5-19　测点 a、f 处土体表面沉降曲线

图 5-20 清晰地展示了位于超声波水囊激振预压作用面横轴两侧，即测点 b、e 处的土体沉降曲线，显然，两处土体表面沉降趋势大致相同，最大沉降仅相差 1.15mm。同时，在不考虑受人工扰动的测点 a 处土体表面沉降的前提下，测点 b、c 处土体受超声波水囊激振预压效果最佳，分别达到 50.68mm 和 49.53mm，侧面表明在一定范围内土体中一点处受超声波水囊激振预压作用效果与其到作用面中心距离呈负相关。

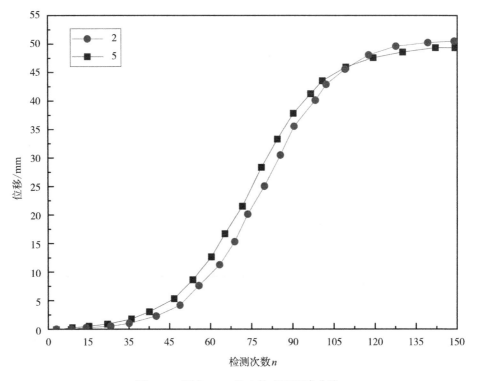

图 5-20　测点 b、e 处土体表面沉降曲线

图 5-21 显示了位于超声波水囊激振预压作用面角点，即测点 c、d 处的土体表面沉降曲线。当土体处于初始沉降阶段（0～40）时，测点 c、d 处土体表面沉降趋势基本一致；土体受超声波水囊激振预压作用进入主固结沉降阶段后，测点 d 处土体表面沉降逐渐大于测点 c 处，最终同时在第 120 次检测时逐渐趋于稳定，两处土体表面最大沉降量差值为 4.65mm，是测点 d 处土体表面最大沉降的 0.13 倍。超声波水囊激振预压过程中，由于人工填土造成试验土体沉降的不均匀，导致水囊中的液体初始分布改变，在靠近测点 c 处的水囊重量略大于测点 d 处，进而产生沉降差异，而随着试验进行，该部分差异逐渐扩大，将会反作用于水囊并使其中液体进一步偏移，从而产生如图 5-21 所示的数值差距。

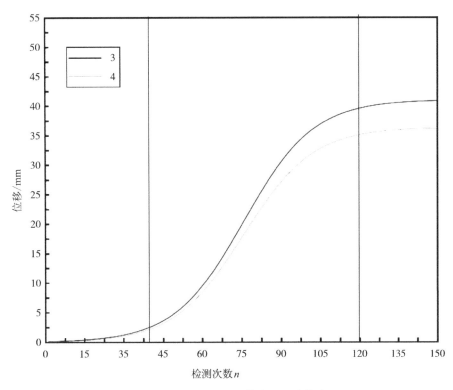

图 5-21　测点 c、d 处土体表面沉降曲线

图 5-22 显示了测点 a～f 处的土体受超声波水囊激振预压作用的土体表面沉降曲线，土体沉降大致分为三个阶段：初始沉降（0～40），在水囊激振预压范围的外荷载作用下，土体由于发生侧向剪切变形引起沉降；主固结沉降（40～105），从第 40 次检测开始，由于超孔隙水压力逐渐向有效应力转化而发生的土渗透固结变形，使土体沉降逐渐增大，占本次试验土体沉降的主要部分；次固结沉降（105～150），主固结沉降完成后，在有效应力不变条件下，由于土骨架的蠕变特性引起变形，产生的沉降逐渐减小，土体趋于平衡。

图 5-23 显示了超声波水囊激振预压软土室内试验土体表面测点 a～f 处最终沉降，对应编号 1～6，各测点平均累计沉降达到 43.77mm。其中位于角点处的测点 c、d、f 的最终沉降均小于位于超声波水囊激振作用面横轴处的测点 b、e 处的最终沉降，其中测点 f 处最终沉降最小，达到 32.96mm。由于室内人工填土产生不可避免的误差，导致测点 a 处最终沉降为本次实验最大沉降量，达到 52.06mm，是测点 f 处的 1.58 倍。其中由于土体沉降的不均匀和室内试验尺寸的局限，导致测点 a～c，即水囊左侧土体表面沉降较大，其平均最终沉降达到 47.92mm，是水囊右侧平均最终沉降 39.67mm 的 1.2 倍。

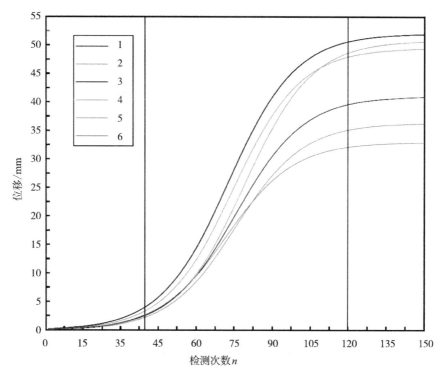

图 5-22 不同位置土样表面随预压时间沉降曲线

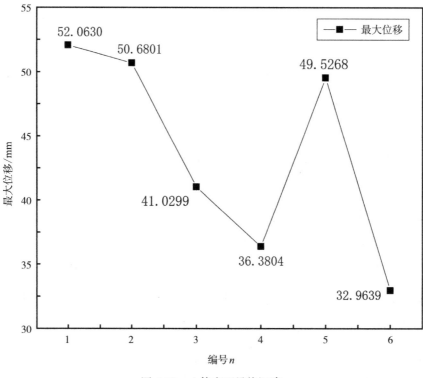

图 5-23 土体表面最终沉降

5.5　静动组合荷载对软土路基预压效果分析

该试验的目的是研究超声波水囊激振预压对软土变形特性的影响。试验中在软土样品表面和水囊周围安置了6个位移传感器，用于监测不同位置的土样沉降情况。通过对比不同测点的沉降数据，可以分析超声波水囊激振预压对软土不同位置的预压效果和变形特性。试验数据采集采用了 YE7600 软件，以 2h 为间隔记录数据。考虑到数据量庞大，分析时采用每次检测的 2h 数据平均值作为特征分析值。根据上述信息，可以得出以下关于静动组合荷载对软土路基预压效果的分析：

各测点土体表面沉降情况如下：

（1）测点 a～c（1～3 号位移传感器）：测点 c 的最大沉降为 41.03mm；测点 b 的最大沉降为 50.68mm；测点 a 的最大沉降为 52.063mm。这表明靠近水囊中心的测点 b 和 a 的沉降量大于角点处的测点 c。

（2）测点 d～f（4～6 号位移传感器）：测点 d 的最大沉降为 36.38mm；测点 f 的最大沉降为 32.96mm；测点 e 的最大沉降为 49.53mm。这反映了测点 e 位于超声波水囊激振作用面横轴处，受预压效果较理想。

（3）测点 a 与 f 的对比：测点 a 的最大沉降量是 f 处的 1.58 倍，反映了局部土体受人工扰动的影响。

（4）测点 b 与 e 的对比：两处土体表面沉降趋势大致相同，反映了超声波水囊激振预压作用下的均匀效果。

超声波水囊激振预压过程中土体表面沉降的总体趋势分为初始沉降、主固结沉降和次固结沉降 3 个阶段，反映了土体的不同变形机制。最后，通过对比各测点的最终沉降情况，可以发现位于水囊激振作用面横轴处的测点沉降量普遍大于角点处的测点，这表明超声波水囊激振预压的效果与其到作用面中心距离呈负相关。

综合以上分析，可以看出静动组合荷载对软土路基的预压效果具有明显的位置依赖性，同时受到试验条件和土体特性的影响。通过详细的数据分析和对比，更好地理解和预测超声波水囊激振预压在实际工程应用中对软土路基的改善效果。

5.6 静动组合荷载预压机理分析

超声波水囊激振预压是一种用于改善软土地基的工程技术，该技术结合了静荷载和动荷载的作用，以达到加速土体固结、增强地基承载力的目的。以下是静动组合荷载预压的主要机理分析：

（1）静荷载作用：当静荷载施加到软土地基上时，首先会引起土体的即时压缩。这主要是由于孔隙水被挤压出来，而土颗粒间的距离减小导致的。随着时间的推移，孔隙水继续流出，土体逐渐固结，其体积进一步减小。这一阶段的固结过程较慢，取决于水的流动速率和土体的渗透性。

（2）动荷载作用：超声波激振的施加会导致土体中孔隙水压力的瞬时变化。这种快速的压力变化有助于打破土颗粒间的黏附力，使土体结构松散。动荷载的振动作用有助于孔隙水更快地排出，从而加速土体的固结过程。这是因为振动降低了土颗粒间的摩擦力，使水分更容易流动。

（3）静动荷载的协同效应：静荷载提供了持续的压力以促进水分排出，而动荷载的振动作用则打破了土颗粒间的相互作用，从而加速了固结过程。静动组合荷载不仅加速了土体的固结过程，还有助于增强土体的强度。动荷载的振动可改善土颗粒的排列，从而在一定程度上增加了土体的承载能力。

综上所述，静动组合荷载预压技术通过结合静荷载的持续压实作用和动荷载的振动作用，不仅加快了软土地基的固结速度，而且提高了其承载能力。这种方法在土木工程中特别有用，尤其是在需要快速改善软弱地基承载力的场合。

6 低频超声波水囊堆载预压加固数值模拟试验

超声波水囊激振预压软土路基的基本原理是利用超声波水囊激振器对软土进行振动压实，从而提高软土的密实度和稳定性。具体来说，超声波水囊激振器通过压缩空气产生高频振动，将振动传递到水囊中，产生高压波和剪切波，水囊与软土相互作用，使软土内部颗粒发生位移和相互碰撞。

在软土中，超声波振动会使土粒子发生微小的变形和摩擦，从而产生一定的剪切力和压实作用，进而使软土的密实度和稳定性得到提高。同时，超声波振动还能激发土壤颗粒的共振和分子运动，促进土壤颗粒间的相互作用，从而进一步提高软土的密实度和稳定性。

此外，水囊内部的压力和变形对软土路基的加固效果有着重要的影响。当水囊内部的压力和变形较大时，会产生较大的超声波振动，使软土颗粒之间形成更紧密的结构，增强软土的抗压强度和剪切强度，从而实现软土路基的加固效果，并改善软土的力学性能，其中包括压缩性能和抗剪性能。

综上所述，超声波水囊激振预压软土路基的加固效应主要包括以下几个方面：一是土颗粒之间的微观结构变化，包括颗粒的密实化和对骨架结构的支撑作用；二是软土路基的压缩性能和抗剪性能的改善，包括土体的压缩模量、剪切强度等力学性能的提高；三是路基的稳定性和承载力的提高，包括路基的变形能力、承载能力等。

6.1 超声波水囊激振预压软土路基基本理论

超声波水囊激振预压软土路基是一种利用超声波振动作用于水囊内，通过水囊与软土的相互作用实现软土路基加固的方法。其基本理论包括以下几个方面：

（1）超声波理论：超声波是指频率超过 20kHz 的机械波，其具有高频、短波长、强穿透力等特点。在水囊内部通过超声波振动形成高压波，使软土颗粒之间发生相互碰撞和位移，从而改善软土的力学性能。基于超声波理论，超声波水囊激振法中激振频率按下式计算：

$$f = \frac{c}{2H} \qquad (6.1)$$

式中：f——激振频率；

　　　c——超声波在水中的传播速度；

　　　H——水囊的高度。

（2）水囊理论：水囊是一种可变形的充水囊袋，其主要作用是将超声波作用于水中，产生压缩波和剪切波，从而实现对软土路基的激振预压。水囊的内部压力和变形对软土路基的加固效果有重要影响。基于水囊理论，超声波水囊激振法中液囊作用范围按下式计算：

$$R = 2.83 \frac{\sqrt{Q}}{f} \qquad (6.2)$$

式中：R——液囊作用半径；

　　　Q——水囊的流量；

　　　f——激振频率。

软土路基的压缩性能和抗剪性能是软土加固的关键。通过超声波水囊激振预压可以使软土路基颗粒之间形成更紧密的结构，增强软土的抗压强度和剪切强度，从而实现软土路基的加固效果。基于土力学理论，超声波水囊激振法中的动力特性可按下式计算：

$$D = \rho V_s \frac{Q}{f} \qquad (6.3)$$

式中：D——动力特性；

　　　ρ——水的密度；

　　　V_s——水囊的体积；

　　　Q——水囊的流量；

　　　f——激振频率。

超声波水囊激振预压软土路基的加固效应主要包括以下几个方面：一是土颗粒之间的微观结构变化，包括颗粒的密实化和对骨架结构的支撑作用；二是软土路基的压缩性能和抗剪性能的改善，包括土体的压缩模量、剪切强度等力学性能的提高；三是路基的稳定性和承载力的提高，包括路基的变形能力、承载能力等。基于加固效应理论，超声波水囊激振法中的降模量可按下式计算：

$$E_\mathrm{s} = \frac{\Delta \sigma}{\varepsilon} \tag{6.4}$$

式中：E_s——降模量；

$\Delta \sigma$——荷载应力差值；

ε——应变值。

综上所述，超声波水囊激振预压软土路基的基本理论包括超声波理论、水囊理论、土体力学理论和加固效应理论等方面，这些理论的有机结合使得超声波水囊激振预压成为一种有效的软土路基加固方法。

6.2　模拟方案

6.2.1　计算模型基本假定

超声波水囊激振预压软土路基的数值模拟研究可以基于以下计算模型进行：

（1）材料假定：软土路基通常被视为一种具有非线性弹塑性行为的材料。在建立数值模拟模型时，需要选取适当的材料本构模型，如 Mohr-Coulomb 本构模型、Drucker-Prager 本构模型等，来描述软土的本构行为。

（2）土层结构假定：软土路基的土层结构是数值模拟中的重要参数之一。需要确定土层厚度、土层顺序、土层性质等参数，以建立准确的数值模拟模型。

（3）边界条件假定：在数值模拟中，需要确定边界条件，如土层的上下边界、侧向边界等。这些条件会直接影响模拟结果的准确性和可靠性。

（4）超声波水囊激振参数假定：超声波水囊激振是本研究的重点，需要确定激振的参数，如激振频率、激振时间、激振强度等，以建立合理的激振模型。

（5）模拟方法假定：建立数值模拟模型时，需要选择合适的数值模拟方法，如有限元法、边界元法等。不同的数值模拟方法有不同的优缺点，需要根据研究目的和研究对象选择合适的方法。

总之，在建立超声波水囊激振预压软土路基数值模拟研究的计算模型时，需要考虑上述因素，并做出合理的假定。这些假定的准确性和合理性直接影响研究结果的可靠性和实用性。

6.2.2　计算参数选取

该研究针对一个位于地势低平地区的工程项目，面临着取土壤土困难且不符合绿色低碳环保的要求的实际问题。为了解决这一问题，我们探究了利用新型超声波水囊在软土路基堆载预压中的应用。通过使用 Abaqus 仿真模拟，研究超声波对软土特性的影响规律。研究的目标是找到一种能够有效解决土壤采集难题、提高工程施工效率和环保水平的新方法。

该次数值模拟的假设如下：考虑单一土体样品的动力响应，忽略地表其他构筑物和建筑物的存在，假设土层为各向同性弹性材料，土体颗粒分布均匀且地面平整，选用 Mohr-Coulomb 屈服准则，分析过程中考虑土体的受力情况和变形在弹性范围内的变化，不考虑地下水的作用。

数值仿真模型土体为弹塑性材料，其中，杨氏模量为 $E = 1.86 \times 10^7 \mathrm{Pa}$，泊松比 $\upsilon = 0.25$，密度 $\rho = 2000 \mathrm{kg/m^3}$，摩擦角为 $22°$，膨胀角为 $0°$，黏聚力为 $1.8 \times 10^4 \mathrm{Pa}$，模型设置土体厚度 $L_y = 20\mathrm{m}$，宽度 $L_x = 30\mathrm{m}$。

在进行弹性波数值模拟时，常常使用经过 Hanning 窗调制的 n 周期正弦波脉冲信号作为超声波无损检测仿真的激励源信号。为施加均匀力载荷，该激励源边界的长度应与超声波换能器的探头直径相同。使用 Hanning 窗来调制激励信号是为了消除超声波脉冲信号的高频干扰和频谱泄露，这种方法可以有效模拟超声波在实际工程中的应用情况，并提高模拟的准确性。

$$p(t) = \left[\frac{1}{2} \left(1 - \cos \frac{2\pi f_c}{n} \right) \right] \sin(2\pi f_c) \quad \left(0 < t < \frac{n}{f} \right) \tag{6.5}$$

公式（6.5）中，为设置的超声波激励源信号，n 为一个正整数，f_c 为中心频率。

6.2.3　几何模型建立

（1）路基几何形状：根据实际情况，建立软土路基的几何形状模型，包括路基的长度、宽度、高度以及路基上的任何凸起物、槽口等。

（2）超声波水囊几何形状：建立超声波水囊的几何形状模型，包括水囊的长度、宽度、高度等参数。

（3）水囊与路基的相对位置：确定水囊和路基之间的相对位置关系，包括水囊和路基的水平距离和垂直距离等。

（4）软土路基材料参数：确定软土路基的物理和力学参数，如密度、弹性模量、剪切模量、泊松比等。

（5）超声波水囊参数：确定超声波水囊的工作频率、工作压力、波形等参数。

（6）边界条件：确定模型的边界条件，包括路基的边界条件、水囊的边界条件和周围环境的边界条件等。

在建立几何模型之前，需要进行一些实验和观测，以获取相关的实验数据和路基的物理参数。然后，使用计算机辅助设计软件，根据这些数据和参数建立数值模型，并进行仿真计算，以预测软土路基在超声波水囊激振预压作用下的变形和应力分布情况。

考虑到计算机内存和计算效率等硬件限制，本文实际上所有的计算均在二维情况下进行。建立了一个二维模型示意图，如图 6-1 所示。

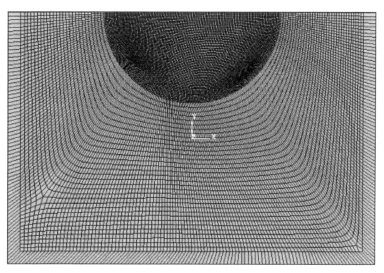

图 6-1　二维模型示意图

6.2.4　等效荷载定义

超声波水囊激振预压软土路基数值模拟研究中的等效荷载通常是指在软土路基上施加的等效静荷载。这个等效静荷载是由超声波水囊的激振作用引起的，可以根据软土路基的应变 — 荷载响应曲线确定。

在数值模拟中，等效荷载可以使用以下步骤计算：

（1）将超声波水囊的激振作用转化为一个等效的静荷载。这个静荷载可以使用不同的方法计算。例如通过将激振荷载乘以一个系数或者通过计算在软土路基上的平均应力等。

（2）根据软土路基的材料参数和几何形状，计算出等效荷载下软土路基的应变。

（3）根据软土路基的应变—荷载响应曲线，确定对应于等效荷载的荷载大小。

（4）将这个等效静荷载施加到数值模型中进行仿真计算。

由于水囊激振作用下产生的荷载是动态荷载，因此需要将其转化为等效的静荷载进行数值模拟计算。根据超声波水囊激振预压软土路基数值模拟研究中的实验数据和模型参数，可以进行等效静荷载的计算。由于使用 Abaqus 软件计算，在进行数值模拟时，假定激振荷载为 7000N，作用时间为 100 个分析步。

假设超声波水囊的激振荷载为 F，激振荷载的时间为 t，我们可以将其转化为一个等效的静荷载 W，使得它在软土路基上产生的应变和动态荷载产生的应变相同。

等效静荷载的计算公式如下：

$$W = F \times k \times t \tag{6.6}$$

公式（6.6）中，k 是一个系数，表示动态荷载产生的应变和静态荷载产生的应变相等时的系数。根据实验数据和模型参数，可以确定 k 的值为 0.2 左右。

将激振荷载 $F = 7000$N、时间 $t = 100$ 个分析步，代入公式（6.7）中，可以得到等效静荷载 W 的大小为：

$$W = 7000 \times 0.2 \times 100 = 140000 \text{N} \tag{6.7}$$

因此，在进行数值模拟时，可以将等效静荷载设置为 140000N，作用时间为 100 个分析步。根据实际情况，可能需要对等效静荷载的大小和作用时间进行调整，以获得更准确的数值模拟结果。

总之，等效荷载是将超声波水囊激振作用下产生的动态荷载转化为等效的静荷载，用来模拟软土路基在实际静荷载作用下的变形和应力分布情况。

6.2.5 边界设定

由于计算区域受到计算机内存和运算效率的限制，有时需要引入人工边界以分隔计算区域。然而，引入人工边界会导致边界反射的问题，即超声波传播到边界时会发生强烈的反射。

为了消除这种边界反射，可以采用基于弹性波动理论的吸收边界条件。在该数值模拟中，使用了三种不同类型的边界：约束边界、自由边界和荷载边界。具体设置如下：

（1）约束边界：将模型的左右边界以及下边界设定为限制三个正交方向的约束边，即在这些边界上固定位移和应力。

（2）自由边界：将模型的上边界设定为自由边界，即在这个边界上不施加任何限制，完全允许位移和应力的自由变化。

（3）荷载边界：为与试验组使用相同的模拟模型，将激振源中心设置在模型中心，使左右边界对称。在激振源中心处施加荷载边界，即在该位置施加等效静荷载，使软土路基受到相应的预压。

通过使用吸收边界条件，可以有效地消除边界反射，并避免消耗过多的内存和计算时间。同时，通过合理的边界设定，还可以减小模拟误差，获得更准确的数值模拟结果。

6.2.6　网格划分

为保证数值计算的准确性、稳定性和效率，将采用以下方法。首先，将圆的曲率控制最大偏离因子设置为 0.1，然后在激励源处采用半圆形拆分，并指定网格控制属性为"自由中性轴算法"。在超声波激励对土体影响的研究中，对该区域进行适当的网格加密，而在周围其他区域则采用适当的网格稀疏。

在吸收边界外的其他区域，将网格属性定义为"平面应变（CPE4R）"，采用显式求解方法。而在基于弹性波动理论的吸收边界条件边缘处，采用扫描划分方法，扫描方向朝外，并将吸收边界处定义为"声学（AC2D4R）"。通过这种方式，可以消除边界反射，减小计算误差，并提高计算效率。

总之，这种方法可以保证数值计算的准确性和稳定性，并在保证精度的前提下提高计算效率，为超声波激励对土体影响的研究提供了有效的数值模拟手段。

6.3　模拟方法及步骤

6.3.1　模拟方法

超声波水囊激振预压软土路基数值模拟研究一般采用有限元法进行数值模拟，其具体方法如下：

（1）建立软土路基的有限元模型：使用有限元软件（ABAQUS）建立软土路基的二维有限元模型。需要确定软土路基的几何形状、材料参数和边界条件等。

（2）加载超声波水囊激振预压荷载：将超声波水囊激振预压荷载作为边界条件施加在软土路基表面。需要确定荷载的频率、振幅、持续时间和施加位置等。

（3）模拟水囊激振过程：使用动态分析方法对超声波水囊激振预压荷载作用下的软土路基进行动态响应分析。需要考虑软土的非线性、非均匀性和孔隙水压力等因素。

（4）计算路基的应力应变响应：根据模拟结果计算路基的应力应变响应。可以绘制应力应变云图、位移云图、孔隙水压云图等。

（5）分析路基的稳定性：根据应力应变响应结果分析路基的稳定性。可以计算软土路基的变形、破坏模式和破坏概率等。

（6）优化模型参数：如果模拟结果与实际情况不符，需要调整模型参数并重新模拟，直至模拟结果符合实际情况。

综上所述，超声波水囊激振预压软土路基数值模拟研究的模拟方法需要建立软土路基的有限元模型，加载超声波水囊激振预压荷载，模拟水囊激振过程，计算路基的应力应变响应，分析路基的稳定性，并优化模型参数。

6.3.2 模拟步骤

模拟操作步骤如表 6-1 所示。

模拟操作步骤 表 6-1

序号	模块	步骤	操作方法	示例图
1	部件	创建部件	名称：soil1，模型空间：二维平面，类型：可变形，基本特征：壳	
		创建线：矩形	输入坐标（0，0）和（30，20）	
2	属性	创建材料	名称：soil1，密度：$\rho = 2000\text{kg/m}^3$，杨氏模量为 $E = 1.86 \times 10^7\text{Pa}$，泊松比 $\upsilon = 0.25$，摩擦角为 22°，膨胀角为 0°，黏聚力为 $1.8 \times 10^4\text{Pa}$	
		创建截面	名称：section-1，类别：实体，类型：均质，材料：soil1，平面应力 / 应变厚度：1	
		指派截面	指派：来自截面	

续表

序号	模块	步骤	操作方法	示例图
3	分析步	创建分析步	程序类型：通用：动力，显示。时间长度：1	
		场输出管理器	编辑频率：间隔：100	
4	网格	对象：部件		
		拆分面：草图		
		创建线		
		创建圆		
		种子部件	近似全局尺寸：0.3	
		为边布种	激振源：近似单元尺寸：0.1；无限吸收边界：方法：按个数，尺寸控制：单元数：1	
		指派网格控制属性	激振源：算法：中性轴算法；无限吸收边界：技术：扫掠，重新定义扫掠路径，方向：朝外；中间部分：单元形状：四边形，算法：中性轴算法	
		为部件划分网格		
		指派单元类型	无限吸收边界单元库：Explicit，族：声学（AC2D4R），其他区域单元库：Explicit，族：平面应变（CPE4R）	
		菜单，网格	创建网格部件，part-1-mesh-1	
5	装配	Createinstance	part-1-mesh-1	
6	载荷	创建载荷	表面载荷，牵引力：通用，大小：7000	
		创建幅值曲线	类型：周期，圆频率：2π赫兹数，开始时间：0，初始幅值：0，A：0，B：1	
		边界条件管理器	可用于所选分析步的类型：对称/反对称/完全固定，坐标系：（全局）完全固定（U1＝U2＝U3＝UR1＝UR2＝UR3＝0）	

序号	模块	步骤	操作方法	示例图
7		菜单，文件，设置工作目录		
8	作业	创建作业 💻		
		作业管理器	写入输入文件	将后缀名 inp 文件中 AC2D4R 全部替换为 CINPS4
		创建作业 💻	来源：输入文件	

6.4 计算结果及分析

6.4.1 超声波激振下土压力纵向传播演化规律分析

这里分别对 40～49kHz、50～59kHz、60～69kHz、70～79kHz、80～89kHz 超声波，使用 ABAQUS 有限元分析软件对超声波激振作用下的软土路基的土内应力纵向传播演化规律进行分析。

图 6-2 为超声波工作频率为 49kHz 条件下，不同时刻土体的土内应力沿土体厚度方向的传播过程，具体时刻分别为 1μs、5μs、10μs 以及 15μs。当超声波激振作用于土体上方时，由图 6-2 波场云图中清晰可知，随着时间的推移，土中应力呈水纹状向下传播。

图 6-3 为超声波工作频率为 49kHz 条件下，不同时刻土体的土内应力沿土体厚度方向的变化曲线。当超声波激振作用于土体时，将会随频率产生纵波与横波，由图 6-3（a）可知，纵波比横波更早出现且数值更大，两者最大值相差约 46%。由图 6-3（b）（c）（d）可知，在超声波激振作用下，随时间的推移，较早出现的纵波与横波沿土体方向向下传播，与此同时不断产生新的纵波与横波，且应力远远小于前者，直至消失。

将图 6-2 与图 6-3 结合分析可知，土体在超声波作用时刻为 1μs 时，产生较大应力，最大值为 498Pa，如图 6-2（a）所示。然后，呈现水纹状向下传播，如图 6-2（b）（c）所示。与此同时，土应力急速下降，如图 6-3（b）（c）所示。在超声波作用时刻为 15μs 时，土内应力最大值下降至 37Pa，减小了 92.5%。

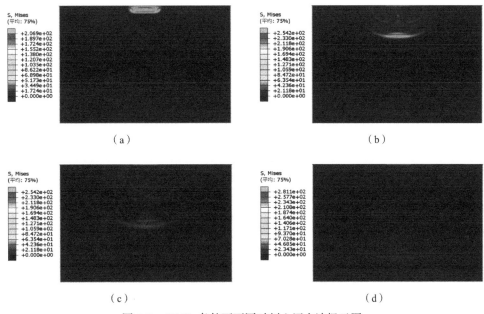

图 6-2　49kHz 条件下不同时刻土压力波场云图

（a）1μs；（b）5μs；（c）10μs；（d）15μs

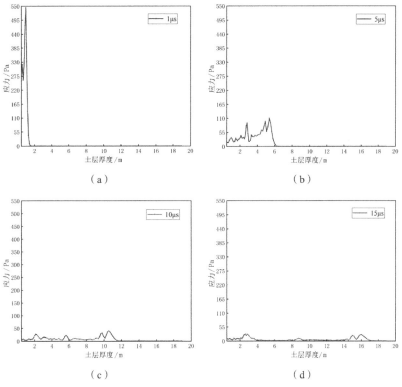

图 6-3　49kHz条件下不同时刻土压力随土体厚度变化值

（a）1μs；（b）5μs；（c）10μs；（d）15μs

6.4.2 超声波激振下软土路基纵向变形规律分析

这里使用 ABAQUS 有限元分析软件对超声波激振作用下的软土路基的土颗粒位移纵向传播变形规律进行分析。

如图 6-4 所示超声波工作频率为 49kHz 条件下，不同时刻土颗粒位移沿土体厚度方向的传播过程，具体时刻分别为 1μs、5μs、10μs 以及 15 μs。从图 6-4 波场云图中可以清晰地看出，随着时间的推移，在超声波激振作用下土体颗粒产生位移，并呈现水纹状向下传播。由图 6-4（b）（c）可知，横波与纵波是土颗粒产生的位移，在波顶端相交后向两侧延伸。

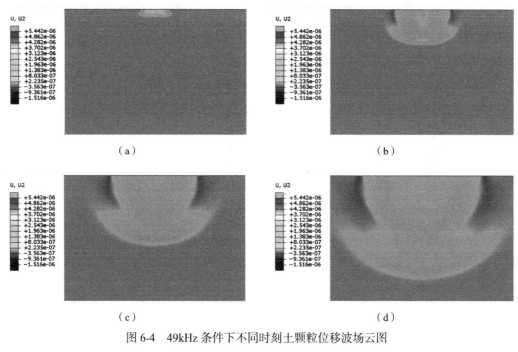

图 6-4　49kHz 条件下不同时刻土颗粒位移波场云图

（a）1μs；（b）5μs；（c）10μs；（d）15μs

图 6-5 为超声波工作频率为 49kHz 条件下，不同时刻土颗粒位移沿土体厚度方向的变化曲线。由图 6-5（b）（c）可知，土颗粒在纵波与横波波峰处产生较大位移。计算区域内未受到边界效应带来的影响，表明了采用无限吸收边界的可行性。

结合图 6-4（a）和图 6-5（a）可知，当超声波激振作用时刻为 1μs 时，土颗粒产生较大位移，最大值为 1.125^{-5}m。然后，由图 6-4（b）（c）可知，土颗粒位移呈水纹状向下传播的同时位移数值急速下降，作用时刻为 15μs 时，最大值下降至 1.57^{-6}m，减少了 86%。

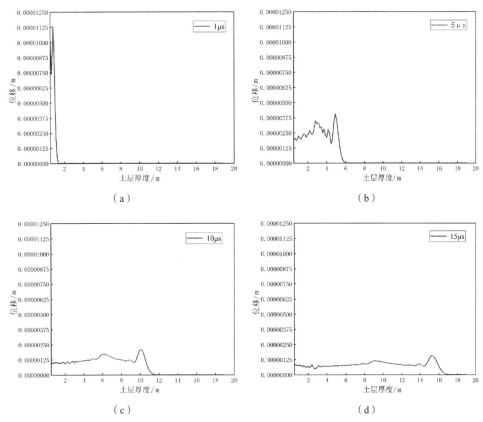

图 6-5 49kHz 条件下不同时刻土颗粒位移随土体厚度变化值

（a）1μs；（b）5μs；（c）10μs；（d）15μs

6.4.3 不同频率条件下土压力纵向传播演化规律分析

图 6-6 为不同工作频率的超声波激振作用下，不同时刻的土内应力沿土体厚度方向的变化曲线，具体频率分别为 40kHz、43kHz、46kHz 以及 49kHz，具体时刻分别为 1μs、5μs、10μs 以及 15μs。通过对比图 6-6 中（a）（b）（c）和（d）可知，随着超声波工作频率的增加，不同时刻土内应力沿土体厚度方向变化曲线趋势大致相同，大致呈现 3 个阶段，分别为应力集中，应力传播以及应力消散。

图 6-7 为不同频率的超声波激振作用下，同一时刻的土内应力沿土体厚度方向的变化曲线，具体的工作频率范围为 40～49kHz，具体时刻分别为 6μs 和 16 μs。

从图 6-7（a）中可知，当超声波工作频率为 40kHz 且作用时刻为 6μs 时，土内应力最大值为 6.54Pa，随着频率的增加，土内应力总体数值也逐渐上升，当超声波工作频率为 49kHz 时，土内应力最大值达到了 98.2Pa，增长了 93.3%。

从图 6-7（b）中可知，当超声波工作频率为 40kHz 且作用时刻为 16μs 时，土内应力最大值为 2.64Pa，随着频率的增加，土内应力总体数值也逐渐上升，当超声波工作频率为 49kHz 时，土内应力最大值达到了 67.5Pa，增长了 96.1%。与超声波作用时刻为 6μs 时相比，上升幅度增长了 2.9%。

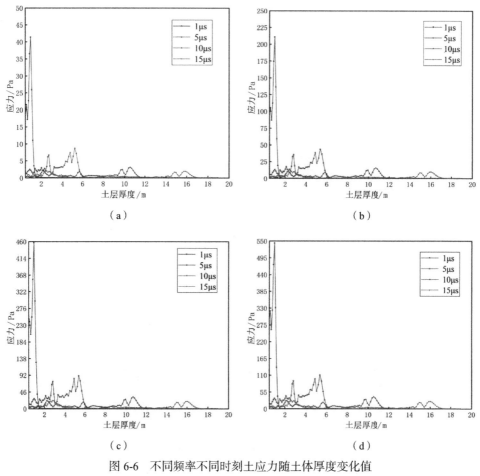

图 6-6　不同频率不同时刻土应力随土体厚度变化值

（a）40kHz；（b）43kHz；（c）46kHz；（d）49kHz

通过 50kHz 超声波在 4 个时刻（1μs、4μs、8μs、16μs）的观察，可以看出土压力波的传播轨迹，它按照一定的速度从激励源位置向下传播。纵波和横波的出现时间之间存在一定时间差。首先出现的波为土压力纵波，而纵波的传播速度较快。波场特征表明，波的传播过程符合弹性波动理论，这表明模拟的超声波在主体介质中施加的土压力传播是稳定可靠的。

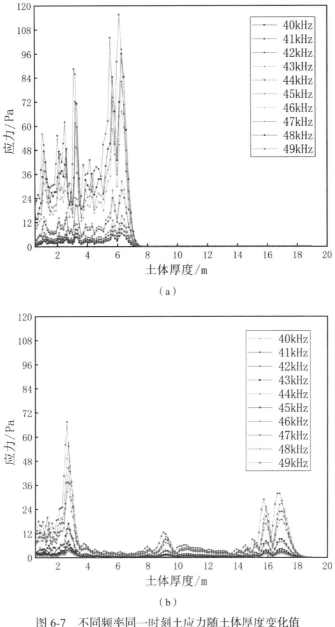

图 6-7　不同频率同一时刻土应力随土体厚度变化值

（a）6μs；（b）16μs

从图 6-8 中可以观察到，超声波在不同时刻的传播过程中，土压力纵波始终比横波传播速度更快，而且纵波土压力的振幅也始终高于横波土压力的振幅。此外，由于岩石内部含有砾石等随机结构物，这些结构物具有不同的声阻抗，因此随着土层厚度的增加，超声波激发的土压力会逐渐衰减。在比较不同时刻超声波传播到不同深度时的土压力值时，发现在 16μs 时刻，超声波传播到土层深度为 −17.83m 时的土压力为 2.3MPa，相比于在 1μs

时刻传播到深度为 −1.1m 时的土压力已经衰减了 87.2%。而在 16μs 时刻，超声波传播到深度为 −9.5m 时，土压力为 3.78MPa，相比于在 1μs 时刻传播到深度为 −0.64m 时的土压力已经衰减了 90.86%。这表明，横波土压力的衰减速度比纵波土压力更快。

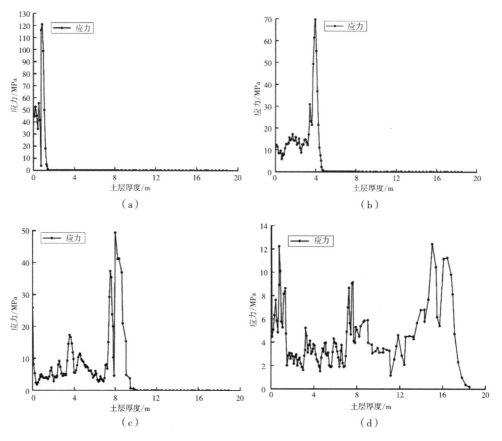

图 6-8　不同时刻土压力随土层厚度变化值

（a）1μs；（b）4μs；（c）8μs；（d）16μs

图 6-8（a）～（d）展示了超声波施加在土体中产生的土压力沿着岩石层厚度方向的传播演化。不同时间下超声波产生的土压力在土层厚度方向的传播方式和形态与土压力波场云图一致。通过比较点线图和波场云图，可以看出不同时刻纵波土压力应力值的变化。同时，从图 6-8 还可以观察到，土体基体对超声波激发的土压力传播起主导作用。但是由于土体基体结构复杂，存在砾石等随机结构物，因此总会存在一些残余振动。这是因为土体基体与随机结构物的物理力学性质多样，存在弹性分界面，使得超声波不断发生反射折射，引发多重散射现象，从而产生最小的残余振动。

图 6-9 展示了 16μs 时刻不同频率超声波激励下土颗粒压力演化规律。每条曲线代表

了图 6-9 中相应频率的激励对土颗粒压力的影响。结果表明，随着超声波频率的升高，受影响的土颗粒应力值也增大。每个超声波频率下的压力变化趋势相似，均呈现出 3 个波峰的特征。其中，第二个波峰为横波应力最大值，第三个波峰为纵波波峰峰值。此外，在距离激振源较近区域，还出现了应力的阈值。

具体而言，在 58kHz 频率下，纵波处的土颗粒应力值为 24.74MPa，而 50kHz 频率下，纵波处的土颗粒应力值为 12.43MPa，58kHz 频率下的纵波应力值是 50kHz 频率下的 2 倍；在横波处，58kHz 频率下的土颗粒应力值为 18.05MPa，而 50kHz 频率下，横波处的土颗粒应力值为 9.15MPa，58kHz 频率下的横波应力值是 50kHz 频率下的 1.9 倍。由于超声波在含有随机结构物的土体中传播时会经历多次散射，因此土颗粒应力值会产生明显的抖动现象。

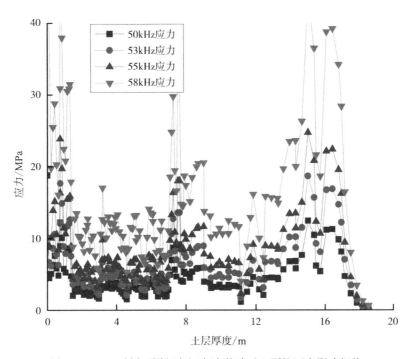

图 6-9　16μs 时刻不同频率超声波激励对土颗粒压力影响规律

图 6-10 展示了 16μs 时刻不同频率（60kHz、64kHz、66kHz、68kHz）超声波激励下土颗粒压力演化规律，其中每条曲线代表了图 6-9 中相应频率的激励对土颗粒压力的影响。结果显示，随着超声波频率的升高，受影响的土颗粒应力值也随之增大。此外，每个超声波频率下的压力变化趋势相似，均呈现出 3 个波峰的特征，其中第二个波峰为横波应力最大值，第三个波峰为纵波波峰峰值，并且距离激振源较近区域出现了应力的阈值。

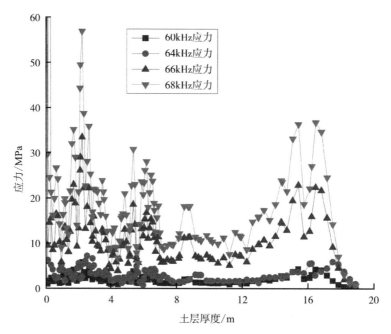

图 6-10   16μs 时刻不同频率超声波激励对土颗粒压力影响规律

图 6-11 为 16μs 时刻 60～69kHz10 个频率组的超声波激励对土颗粒压力影响规律，每个超声波频率下的压力变化趋势相似，均呈现出 3 个波峰的特征，结果显示，随着超声波频率的升高，受影响的土颗粒应力值有部分随之增大，又有部分随之递减。

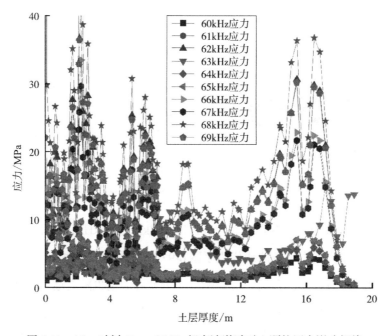

图 6-11   16μs 时刻 60 ～ 69kHz 超声波激励对土颗粒压力影响规律

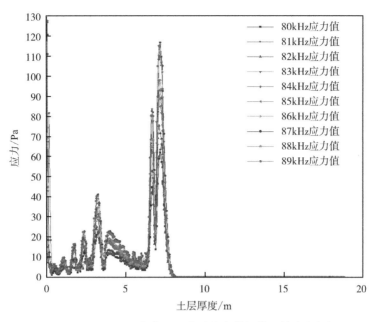

图 6-12　80 ～ 89kHz 条件下超声波水囊激振第 7 帧应力变化图

从应力变化图 6-12 中我们可以得出结果，在不同频率超声波激振下，在同一时刻的应力随土层厚度的变化趋势是大致相同的。同时，相近的两个频率间的应力值虽比较接近，为方便观察，取图 6-12 中的 4 个频率在同一时刻应力随土层厚度变化的曲线图不难看出，随着超声波频率的不断增加，应力值也在相应地增大。

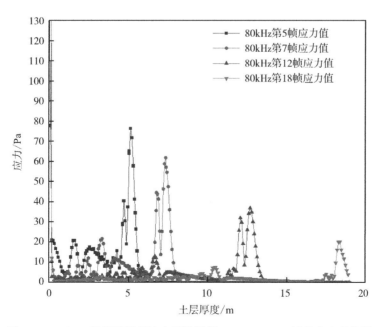

图 6-13　80kHz 条件下超声波水囊激振第 5、7、12、18帧的应力变化图

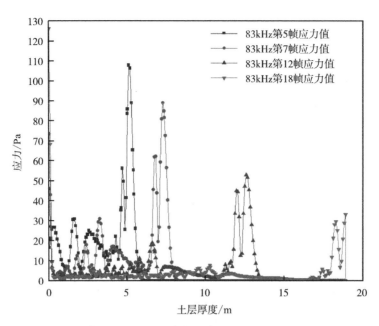

图 6-14　83kHz 条件下超声波水囊激振第 5、7、12、18 帧的应力变化图

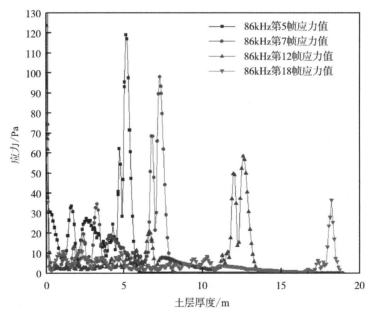

图 6-15　86kHz 条件下超声波水囊激振第 5、7、12、18 帧的应力变化图

图 6-13～图 6-15 显示了 80kHz、83kHz、86kHz 这 3 个条件下超声波激振不同时刻的应力变化图。从图中可以可明显地看到，超声波随着时间的推进不断传到更深的土层深度，其产生的应力值也在不断地减小，证实了超声波在传播过程中存在一定的衰减，同时横波的衰减程度要大于纵波。同时通过计算纵波应力得出，3 个频率条件下的衰减程度分

别为 75.03%、72.71%、66.72%，这说明频率越低，越容易产生空化效应，从而增强了衰减，减弱了超声波的作用。

6.4.4 不同频率条件下软土路基纵向变形规律分析

图 6-16 为不同工作频率的超声波激振作用下，不同时刻的土颗粒位移沿土体厚度方向的变化曲线，具体频率分别为 40kHz、43kHz、46kHz 以及 49kHz，具体时刻分别为 1μs、5μs、10μs 以及 15μs。通过对比图 6-16（a）（b）（c）（d）可知，随着超声波工作频率的增加，不同时刻土颗粒位移沿土体厚度方向变化曲线趋势大致相同。同时，不难看出，软土路基加固效果与超声波激振作用时间呈正相关，且与土体厚度呈负相关。

图 6-17 为不同频率的超声波激振作用下，同一时刻的土颗粒位移沿土体厚度方向的变化曲线，具体的工作频率范围为 40~49kHz，具体时刻分别为 6μs 和 16μs。

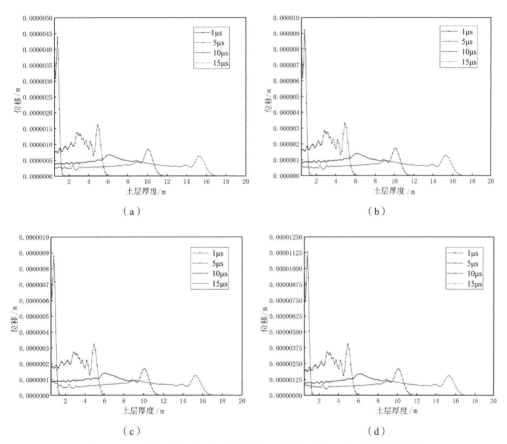

图 6-16 不同频率超声波不同时刻土颗粒位移随土体厚度的变化值

（a）40kHz；（b）43kHz；（c）46kHz；（d）49kHz

从图 6-17（a）中可知，当超声波工作频率为 40kHz 且作用时刻为 6μs 时，土颗粒位移最大值为 2.65^{-7}m，随着频率的增加，土颗粒位移总体数值也逐渐上升，当超声波工作频率为 49kHz 时，土颗粒位移最大值达到了 4.63^{-6}m，增长了 94.2%。

从图 6-17（b）中可知，当超声波工作频率为 40kHz 且作用时刻为 16μs 时，土颗粒位移最大值为 1.2-7Pa，随着频率的增加，土颗粒位移总体数值也逐渐上升，当超声波工作频率为 49kHz 时，土颗粒位移最大值达到了 2.08-6Pa，增长了 94.2%。与超声波作用时刻为 6μs 时相比，上升幅度几乎相同。

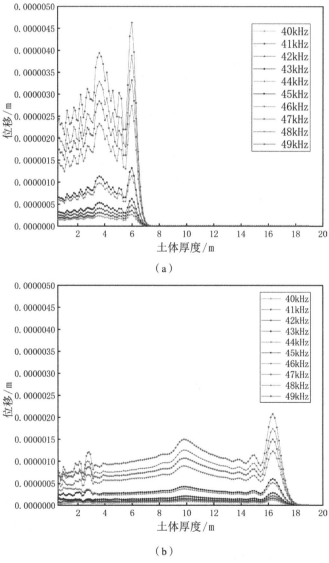

（a）

（b）

图 6-17　不同频率同一时刻土颗粒位移随土体厚度变化值

（a）6μs；（b）16μs

图 6-18、图 6-19 分为 16μs 时刻 50～59kHz、60～69kHz 超声波激励对土颗粒位移影响规律，每个超声波频率下的位移变化趋势相似，均呈现出两个波峰的特征，结果显示，随着超声波频率的升高，受影响的土颗粒位移值有部分随之增大，又有部分随之递减。

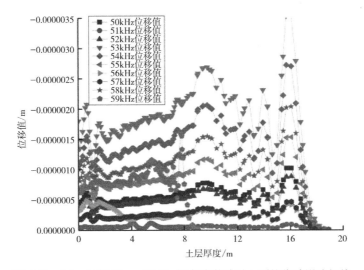

图 6-18　16μs 时刻 50～59kHz 超声波激励对土颗粒位移影响规律

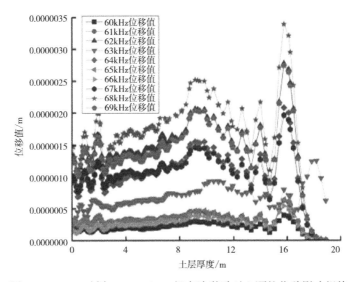

图 6-19　16μs 时刻 60～69kHz 超声波激励对土颗粒位移影响规律

从图 6-20 中，可以很清晰看见 80～89kHz 条件下同一时刻的位移变化量规律，各个频率在同一时刻的位移变化趋势大致趋于相同，由此可知超声波激振产生的能量与其频率的平方成正比，可以看出频率的增加，应力不断增加，土体的位移变化量也在不断增加。这表明在超声波的激振作用下，确实能对土体的位移产生振密压实效果，同时频率的增大，对土体的压实效果也更好。另外，与应力变化相对应的是由于超声波的空化效应和散射现象的存在，位移变化是存在小幅度的波动的。

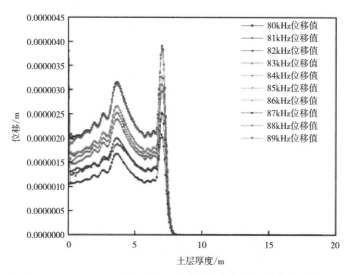

图 6-20　80 ～ 89kHz 条件下超声波水囊激振第 7 帧位移变化图

6.4.5　数值模拟试验结论

本文通过 Abaqus 数值模拟软件，研究了 40～89kHz 超声波水囊激振预压软土路基变形特性，主要结论如下：

（1）超声波水囊激振作用于软土路基时，激振作用以一定速度从激振位置向下传播。在这个传播过程中，波动遵循弹性波动理论。其中纵波和横波是超声波的主要传播方式，且横波传播速度较慢，纵波传播速度较快。

（2）本文对软土路基的超声波激振传播行为的研究，在计算区域内未受边界效应的影响下，则可以采用无限吸收边界条件。使得超声波在边界处的反射和折射被有效吸收和衰减，从而消除边界效应对计算结果的干扰，进而使得计算区域可以近似无限大，将更好地模拟真实土体中超声波的传播行为。

（3）40～89kHz 范围内各个频率在不同时刻施加的超声波在土体上引起的土内应力和土颗粒位移沿土体厚度方向传播演化过程与不同时刻的土内应力和土颗粒位移波场云图的传播形态一致。并且当超声波通过土体时，土体内的颗粒摩擦、黏聚力等阻尼机制导致能量损失，同时超声波在传播过程中可能会发生散射和反射现象导致能量分流，从而降低传播效率，从而导致土内应力沿土体厚度方向逐渐衰减，以及土颗粒位移沿土体厚度方向逐渐减小。

（4）在 40～89kHz 范围内的超声波激振条件下，随着超声波的工作频率增加，土体内的应力沿纵向传播的演化规律与土颗粒的纵向位移变形规律基本一致。同时，土体内的应力和土颗粒的位移总体数值随着超声波的工作频率增加而逐渐增大，并且土体内应力的增加幅度大于土颗粒位移的增加幅度。其中加固效果最佳频率为 89kHz。

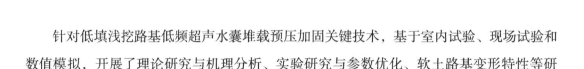

7 结　论

针对低填浅挖路基低频超声水囊堆载预压加固关键技术，基于室内试验、现场试验和数值模拟，开展了理论研究与机理分析、实验研究与参数优化、软土路基变形特性等研究，主要结论如下：

（1）激振组累计沉降变形曲线呈现出先增大后趋于缓慢的特征趋势，其平均累计沉降量 −1.718mm 为静置组平均累计沉降量的 1.46 倍，最大累计沉降量为 −2.995mm 相比静置组最大累计沉降量增幅为 11.13%。且两者差值也随试验时间增加而逐渐增大，平均差值为 −0.54mm，而最大差值也达到了 −1.37mm。

（2）在整个预压期间，随着静止组与激振组沉降变形速率趋势差值增大，两组对照试验的累计沉降变形量差值也随之增加，两者呈显著相关性，其激振组平均沉降速率为静止组的 1.37 倍，沉降变形速率幅度相比于静止组稍大。

（3）在路基的填筑过程中沉降板及位移观测边桩变形较为明显，预压期间沉降及位移变化比较平稳。根据工况分析原因，随着路基填筑的推进，在宕渣填筑及车辆对路基的碾压产生较大的压力，从而产生较大沉降及位移，在随后的预压期间由于路基受到堆载的重力作用也发生明显的沉降及位移。

（4）超声波水囊预压效率相比于传统堆载预压提高明显，能大幅缩短预压时间，相比于只用水囊静置堆载预压，此方法在相同体积下，预压效率更高，预压时间更短。

（5）超声波水囊激振作用于软土路基时，激振作用以一定速度从激振位置向下传播。在这个传播过程中，波动遵循弹性波动理论。其中纵波和横波是超声波的主要传播方式，且横波传播速度较慢，纵波传播速度较快。

（6）通过对软土路基的超声波激振传播行为的研究，在计算区域内未受边界效应的影响下，则可以采用无限吸收边界条件。使得超声波在边界处的反射和折射被有效吸收和衰减，从而消除边界效应对计算结果的干扰，进而使得计算区域可以近似无限大，将更好地模拟真实土体中超声波的传播行为。

（7）40～89kHz 范围内各个频率在不同时刻施加的超声波在土体上引起的土内应力和土颗粒位移沿土体厚度方向传播演化过程与不同时刻的土内应力和土颗粒位移波场云图的传播形态一致。并且当超声波通过土体时，土体内的颗粒摩擦、黏聚力等阻尼机制导致能量损失，同时超声波在传播过程中可能会发生散射和反射现象导致能量分流，从而降低传播效率，从而导致土内应力沿土体厚度方向逐渐衰减，以及土颗粒位移沿土体厚度方向逐渐减小。

（8）在 40～89kHz 范围内的超声波激振条件下，随着超声波的工作频率增加，土体内的应力沿纵向传播的演化规律与土颗粒的纵向位移变形规律基本一致。同时，土体内的应力和土颗粒的位移总体数值随着超声波的工作频率增加而逐渐增大，并且土体内应力的增加幅度大于土颗粒位移的增加幅度。其中加固效果最佳频率为 89kHz。

（9）超声波水囊激振预压软土室内试验中，土体表面沉降变形曲线呈现 3 个阶段：初始沉降、主固结沉降、次固结沉降，其中主固结沉降为土体表面沉降主要部分。其中测点 a、b、c、d、e、f 处土体表面平均累计沉降量为 43.77mm，最大累计沉降量为 52.06mm，最小累计沉降量为 32.96mm，两者差值为 19.1mm，为平均沉降的 0.43 倍。

（10）在超声波水囊激振预压过程中，位于水囊两侧中点处的土体表面沉降幅度均大于各角点处土体表面沉降。室内试验过程中，由于人工填土对测点 a 处土体造成一定程度的扰动，导致其最终土体表面沉降量高于其余各测点。

（11）本次超声波水囊激振预压土体时，在一定范围内土体中一点处受超声波水囊激振预压作用效果与其到作用面中心距离呈负相关。

附录 B 表格索引

参 考 文 献

［1］朱建才，陈兰云，龚晓南. 高等级公路桥头软基真空联合堆载预压加固试验研究［J］. 岩石力学与工程学报，2005（12）：2160-2165.

［2］童中，汪建斌. 软土路基真空联合堆载预压位移监测与分析［J］. 岩土力学，2002（05）：661-666.

［3］LIU H, CUI Y, SHEN Y, et al. A new method of combination of electroosmosis, vacuum and surcharge preloading for soft ground improvement［J］. China Ocean Engineering, 2014, 28（04）：511-528.

［4］朱虹，朱建才，丁洲祥. 真空联合堆载预压加固软基对环境的影响研究［J］. 浙江建筑，2005（01）：27-30.

［5］陈兰云，赵权威. 真空联合堆载加固软土路基实例分析［J］. 建筑技术，2016，47（09）：815-817.

［6］问建学，丁强，陈松. FLAC3D 模拟真空联合堆载预压处理软土路基变形的研究［J］. 公路，2018，63（05）：65-68.

［7］曹永琅，丛建，吴晓峰. 真空联合堆载预压加固软基的研究［J］. 公路，2002（04）：13-18.

［8］许海岩，谢非，王占东，等. 真空堆载预压法软基处理与插板深度的关系［J］. 地下空间与工程学报，2011，7（S1）：1529-1532.

［9］王廷芳. 真空联合堆载预压在京珠高速广珠北段软基处理中的应用［J］. 铁道标准设计，2005（07）：15-17.

［10］熊熙，王杰光，曹辉，等. 真空联合堆载预压与堆载预压软土地基加固对比研究［J］. 路基工程，2012（03）：53-56.

［11］周丽华. 真空联合堆载预压在沿海铁路软土地基处理中的应用［J］. 铁道标准设计，2014，58（S1）：86-88.

［12］魏家鸣，王清，王剑平，等. 真空联合堆载预压下软土路基的位移和孔压监测分析［J］. 工程地质学报，2012，20（01）：116-122.

［13］SUHENDRA A, JULIASTUTI, PUTRA R P, et al. Effectiveness study of prefabricated vertical drain using vacuum preloading and surcharge preloading［J］. IOP conference series. Earth and environmental science, 2018, 195 (01): 12004.

［14］LI J S, KOU X Q. Numerical analysis of the influence of soft ground improvement by surcharge preloading method on the underground pipe gallery [J]. IOP Conference Series: Earth and Environmental Science, 2019, 242 (06): 62006-62008.

［15］翟浩. 真空联合堆载预压处理软土路基施工技术研究［J］. 交通世界，2022（15）：133-134.

［16］包惠明，黄显顺. 真空联合堆载预压法在某高速公路软土路基工程中的应用［J］. 路基工程，2015（06）：44-47.

［17］王刚. 真空联合堆载预压在高速铁路软土路基加固中的应用研究［J］. 工程机械与维修，2021（05）：64-67.

［18］YONGXIN Y, FANNGYI J. Analysis of Monitoring in settlement For Vacuum Combined Stack Preloading about Soft foundation Sluice [J]. IOP conference series. Earth and environmental science, 2020, 446 (05): 52067.

［19］邓礼久，金亮星，罗嘉金. 塑料排水板堆载预压法处理软基的固结效果［J］. 铁道科学与工程学报，2013，10（03）：68-72.

［20］金亮星，王守林，陈明. 排水板堆载预压加固软基的固结沉降数值模拟［J］. 地下空间与工程学报，2014，10（S2）：1930-1934.

［21］谢非，肖策，王占东，等. 塑料排水板堆载预压法在软基处理中的应用［J］. 地下空间与工程学报，2011，7（S1）：1542-1548.

［22］董超强，苗雨，钱志创. 塑料排水板处理超软土地基的数值模拟分析［J］. 土木工程与管理学报，2018，35（01）：110-116.

［23］杨斌. 塑料排水板堆载预压法加固软土路基试验研究［J］. 西部交通科技，2022（06）：68-71.

［24］邹育麟，李建兴. 排水板堆载预压处理软土路基原位观测试验［J］. 铁道科学与工程学报，2017，14（08）：1658-1663.

［25］ALIELAHI H, MALEKI M, MEHRSHAHI K. Performance evaluation of a surcharge preloading project based on back-analysis of field monitoring and numerical assessment [J]. Arabian journal of geosciences, 2021, 14 (21).

［26］谢卓贤，殷德顺，庄仲旬. 超声振动作用下软土流动特性试验研究［J］. 能源与环保，2023，45（06）：193-197.

［27］尹崧宇，赵大军. 超声波振动下不同应力条件对岩石强度影响的试验［J］. 吉林大学学报（地球科学版），2019，49（03）：756-762.

［28］张程，赵大军，张书磊，等. 基于岩石表面位移场的超声波振动下花岗岩损伤特性试验研究［J］. 钻探工程，2021，48（03）：39-45.

［29］余翠英，雷红博，罗文俊，等. 基于DEM-MFBD方法的有砟轨道路基不均匀沉降影响分析［J］. 土木与环境工程学报（中英文），2023，45（04）：10-18.

［30］牛峥. 超声波缺陷检测方法应用研究［D］. 长安大学，2009.

［31］闫浚. 管道超声检测系统中数据压算算法的研究与实现［D］. 上海交通大学，2007.

［32］于国卿，翟成，秦雷，等. 超声波功率对煤体孔隙影响规律研究［J］. 中国矿业大学学报，2018，47（02）：264-270.